AF104272

www.ingramcontent.com/pod-product-compliance
Lightning Source LLC
LaVergne TN
LVHW021239080526
838199LV00088B/5169
9789358724806

سر سید کی کہانی: سر سید کی زبانی

مولانا الطاف حسین حالی

© Taemeer Publications LLC
Sir Syed ki kahani : Sir Syed ki zabaani
by: Altaf Hussain Hali
Edition: May '2024
Publisher :
Taemeer Publications LLC (Michigan, USA / Hyderabad, India)

ISBN 978-93-5872-480-6

مصنف یا ناشر کی پیشگی اجازت کے بغیر اس کتاب کا کوئی بھی حصہ کسی بھی شکل میں بشمول ویب سائٹ پر اَپ لوڈنگ کے لیے استعمال نہ کیا جائے۔ نیز اس کتاب پر کسی بھی قسم کے تنازع کو نمٹانے کا اختیار صرف حیدرآباد (تلنگانہ) کی عدلیہ کو ہو گا۔

© تعمیر پبلی کیشنز

کتاب	:	سرسید کی کہانی: سرسید کی زبانی
مصنف	:	مولانا الطاف حسین حالی
کمپوزنگ	:	سیدہ شگفتہ، نایاب نقوی
پروف ریڈنگ/تدوین	:	اعجاز عبید، مکرم نیاز
صنف	:	غیر افسانوی نثر
ناشر	:	تعمیر پبلی کیشنز (حیدرآباد، انڈیا)
سالِ اشاعت	:	۲۰۲۴ء
صفحات	:	۶۲
سرورق ڈیزائن	:	تعمیر ویب ڈیزائن

فہرست

(۱)	بابِ اوّل: بچپن	6
(۲)	بابِ دوّم: عالمِ شباب	14
(۳)	بابِ سوّم: بزرگوں کا تذکرہ	16
(۴)	بابِ چہارم: عادات وخصائل	19
(۵)	بابِ پنجم: تصانیف	25
(۶)	بابِ ششم: واقعات 1857ء	31
(۷)	بابِ ہفتم: انگریزی حکومت کا قیام	36
(۸)	بابِ ہشتم: تعلیمی سرگرمیاں	45
(۹)	بابِ نہم: مخالفت	53
(۱۰)	بابِ دہم: علمی لطائف	58
(۱۱)	بابِ یازدہم: متفرق	61

بابِ اوّل: بچپن

بچپن کے حالات:

سر سید کے والد میر متقی۔۔۔ ایک نہایت آزاد منش آدمی تھے۔ خصوصاً جب سے شاہ غلام علی صاحب کے مرید ہو گئے تھے ان کی طبیعت میں اور بھی زیادہ بے تعلقی پیدا ہو گئی تھی۔ اس لئے اولاد کی تعلیم و تربیت کا مدار زیادہ تر بلکہ بالکل سر سید کی والدہ پر تھا۔ سر سید سے ایک دفعہ ان کے بچپن کے حالات پوچھے گئے تو انھوں نے یہ جواب دیا کہ:

"میری تمام سر گذشت کے بیان کو یہ ایک شعر کافی ہے:

طفلی و دامان مادر خوش بہشتے بودہ است
چوں بپائے خود رواں گشتیم سر گرداں شدیم"

"شاہ صاحب کو بھی ہم سب سے ایسی ہی محبت تھی جیسے حقیقی دادا کو اپنے پوتوں سے ہوتی ہے۔ شاہ صاحب نے تاہل اختیار نہیں کیا تھا اور وہ اکثر کہا کرتے تھے کہ گو خدا تعالیٰ نے مجھے اولاد کے جھگڑوں سے آزاد رکھا ہے لیکن متقی کی اولاد کی محبت ایسی دے دی ہے کہ اس کے بچوں کی تکلیف یا بیماری مجھ کو بے چین کر دیتی ہے۔"

اہل اللہ اور مقدس لوگوں کی عظمت کا خیال بچپن سے سر سید کے دل میں بٹھایا گیا تھا۔ وہ اپنے والد کے ساتھ اکثر شاہ غلام علی صاحب کی خدمت میں بٹھائے جاتے تھے اور شاہ صاحب سے ان کی عقیدت کا رنگ اپنی آنکھ سے دیکھتے تھے۔ وہ کہتے تھے کہ:"

مرزا صاحب کے عرس میں شاہ صاحب ایک روپیہ ان کے مزار پر چڑھایا کرتے تھے اور اس روپیہ کے لینے کا حق میرے والد کے سوا اور کسی کو نہ تھا۔ ایک دفعہ عرس کی تاریخ سے کچھ پہلے ایک مرید نے شاہ صاحب سے اجازت لے لی کہ اب کی بار نذر کا روپیہ مجھے عنایت ہو۔ میرے والد کو بھی خبر ہو گئی۔ جب شاہ صاحب نے روپیہ چڑھانے کا ارادہ کیا تو والد نے عرض کی کہ "حضرت! میرے اور میری اولاد کے جیتے جی آپ نذر کا روپیہ لینے کی اوروں کو اجازت دیتے ہیں؟" شاہ صاحب نے فرمایا، "نہیں نہیں! تمہارے سوا کوئی نہیں لے سکتا۔" میں اس وقت صغیر سن تھا، جب شاہ صاحب نے روپیہ چڑھایا، والد نے مجھ سے کہا، "جاؤ روپیہ اٹھالو!" میں نے آگے بڑھ کر روپیہ اٹھالیا۔"

سرسید کہتے تھے کہ:

"شاہ صاحب اپنی خانقاہ سے کبھی نہیں اٹھتے تھے اور کسی کے ہاں نہیں جاتے تھے، الا ماشاء اللہ صرف میرے والد پر جو غایت درجہ کی شفقت تھی اس لئے کبھی کبھی ہمارے گھر قدم رنجہ فرماتے تھے۔"

بسم اللہ کی تقریب:

سرسید کہتے تھے کہ:

"مجھ کو اپنی بسم اللہ کی تقریب بخوبی یاد ہے۔ سہ پہر کا وقت تھا اور آدمی کثرت سے جمع تھے، خصوصاً حضرت شاہ غلام علی صاحب بھی تشریف رکھتے تھے مجھ کو لا کر حضرت کے سامنے بٹھا دیا تھا۔ میں اس مجمع کو دیکھ کر ہکا بکا سا ہو گیا، میرے سامنے تختی رکھی گئی اور غالباً شاہ صاحب ہی نے فرمایا کہ پڑھو، بسم اللہ الرحمن الرحیم، مگر میں کچھ نہ بولا اور حضرت صاحب کی طرف دیکھتا رہا۔ انہوں نے اٹھا کر مجھے اپنی گود میں بٹھالیا اور فرمایا کہ ہمارے پاس بیٹھ کر پڑھیں گے" اور اول بسم اللہ پڑھ کر "اقراء" کی اول کی آیتیں "مالم

یعلم "تک پڑھیں۔ میں بھی ان کے ساتھ ساتھ پڑھتا گیا۔" سر سید نے جب یہ ذکر کیا تو بطور فخر کے اپنا یہ فارسی شعر، جو خاص اسی موقع کے لئے انھوں نے کبھی کہا تھا، پڑھا" بہ مکتب رفتم و آموختم اسرار یزدانی ز فیض نقش بند وقت و جان جان جانانی"

مجلس ختم قرآن:

بسم اللہ ختم ہونے کے بعد سر سید نے قرآن مجید پڑھنا شروع کیا۔ ان کے ننھیال میں قدیم سے کوئی نہ کوئی استانی نوکر رہتی تھی۔ سر سید نے استانی ہی سے، جو ایک اشراف گھر کی پردہ نشین بی بی تھی، سارا قرآن ناظرہ پڑھا تھا۔ وہ کہتے تھے کہ:

"میرا قرآن ختم ہونے پر ہدیہ کی مجلس جو زنانہ میں ہوئی تھی وہ اس قدر دلچسپ اور عجیب تھی کہ پھر کسی ایسی مجلس میں وہ کیفیت میں نے نہیں دیکھی۔"

قدیم نوکرانی کی موت:

سر سید کو مسمات ماں بی بی نے، جو ایک قدیم خیر خواہ خادمہ ان کے گھرانے کی تھی، پالا تھا، اس لئے ان کو ماں بی بی سے نہایت محبت تھی وہ پانچ برس کے تھے جب ماں بی بی کا انتقال ہوا، ان کا بیاں ہے کہ:

"مجھے خوب یاد ہے، ماں بی بی مرنے سے چند گھنٹے پہلے فالسہ کا شربت مجھ کو پلا رہی تھی۔ جب وہ مر گئی تو مجھے اس کے مرنے کا نہایت رنج ہوا۔ میری والدہ نے مجھے سمجھایا کہ وہ خدا کے پاس چلی گئی ہے، بہت اچھے مکاں میں رہتی ہے، بہت سے نوکر چاکر اس کی خدمت کرتے ہیں اور اس کی بہت آرام سے گزرتی ہے تم کچھ رنج مت کرو۔" مجھ کو ان کے کہنے سے پورا یقین تھا کہ فی الوقت ایسا ہی ہے۔ مدت تک ہر جمعرات کو اس کی فاتحہ ہوا کرتی تھی اور کسی محتاج کو کھانا دیا جاتا تھا۔ مجھے یقین تھا کہ یہ کھانا ماں بی بی کے پاس پہنچ جاتا ہے۔ اس نے مرتے وقت کہا تھا کہ "میرا تمام زیور سید کا ہے" مگر میری والدہ اس کو

خیرات میں دینا چاہتی تھیں، ایک دن انہوں نے مجھ سے پوچھا کہ "اگر تم کہو تو یہ گہنا ماں بی بی کے پاس بھیج دوں؟" میں نے کہا" ہاں بھیج دو۔" والدہ نے وہ سب گہنا مختلف طرح سے خیرات میں دیدیا۔"

گاؤں کی یاد:

دلی سے سات کوس مغل پور ایک جاٹوں کا گاوں ہے۔ وہاں سرسید کے والد کی کچھ ملک بطور معافی کے تھی۔ اگر کبھی فصل کے موقع پر ان کے والد مغل پور جاتے تو ان کو بھی اکثر اپنے ساتھ لے جاتے اور ایک ایک ہفتہ گاوں میں رہتے۔ سرسید کہتے تھے کہ:

"اس عمر میں گاوں جا کر رہنا، جنگل میں پھرنا، عمدہ دودھ اور دہی اور تازہ تازہ گھی اور جاٹنیوں کے ہاتھ کی پکی ہوئی باجرے یا مکئی کی روٹیاں کھانا نہایت ہی مزہ دیتا تھا۔"

خلعت کا حصول:

سرسید کے والد کو اکبر شاہ کے زمانہ میں ہر سال تاریخ جلوس کے جشن پر پانچ پارچہ اور تین رقوم جواہر کا خلعت عطا ہوتا تھا مگر اخیر میں۔۔۔ انہوں نے دربار کا جانا کم کر دیا تھا اور اپنا خلعت سرسید کو، باوجودیکہ ان کی عمر کم تھی، دلوانا شروع کر دیا تھا۔ سرسید کہتے تھے کہ:

"ایک بار خلعت ملنے کی تاریخ پر ایسا ہوا کہ والد بہت سویرے اُٹھ کر قلعہ چلے گئے اور میں بہت دن چڑھے اُٹھا۔ ہر چند بہت جلد گھوڑے پر سوار ہو کر وہاں پہنچا مگر پھر بھی دیر ہو گئی۔ جب لال پردہ کے قریب پہنچا تو قاعدہ کے موافق اول دربار میں جا کر آداب بجالانے کا وقت نہیں رہا تھا۔ داروغہ نے کہا کہ بس اب خلعت پہن کر ایک ہی دفعہ دربار میں جانا۔ جب خلعت پہن کر میں نے دربار میں جانا چاہا تو دربار برخاست ہو چکا تھا اور بادشاہ تخت پر سے اُٹھ کر ہوادار پر سوار ہو چکے تھے۔ بادشاہ نے مجھے دیکھ کر والد سے، جو

اس وقت ہوادار کے پاس ہی تھے، پوچھا کہ "تمہارا بیٹا ہے؟" انہوں نے کہا، "حضور کا خانہ زاد!" بادشاہ چپکے ہو رہے۔ لوگوں نے جانا بس اب محل میں چلے جائیں گے، مگر جب تسبیح خانہ میں پہنچے تو وہاں ٹھہر گئے۔ تسبیح خانہ میں بھی ایک چبوترہ بنا ہوا تھا جہاں کبھی کبھی دربار کیا کرتے تھے۔ اس چبوترہ پر بیٹھ گئے اور جواہر خانہ کے داروغہ کو کشتیِ جواہر حاضر کرنے کا حکم ہوا۔ میں بھی وہاں پہنچ گیا تھا۔ بادشاہ نے مجھے اپنے سامنے بلایا اور کمال عنایت سے میرے دونوں ہاتھ پکڑ کر فرمایا کہ "دیر کیوں کی؟" حاضرین نے کہا، "عرض کرو کہ تقصیر ہوئی" مگر میں چپکا کھڑا رہا۔ جب حضور نے دوبارہ پوچھا تو میں نے عرض کیا کہ "سو گیا تھا!" بادشاہ مسکرائے اور فرمایا، "بہت سویرے اُٹھا کرو!" اور ہاتھ چھوڑ دیئے۔ لوگوں نے کہا،

" آداب بجالاؤ!" میں آداب بجالایا۔ بادشاہ نے جواہرات کی معمولی رقمیں اپنے ہاتھ سے پہنائیں۔ میں نے نذر دی اور بادشاہ اُٹھ کر خاصی ڈیوڑھی سے محل میں چلے گئے۔ تمام درباری میرے والد کو بادشاہ کی اس عنایت پر مبارک سلامت کہنے لگے۔۔۔ اس زمانہ میں میری عمر آٹھ نو برس کی ہو گی۔"

کھیل کُود اور شرارتیں:

بچپن میں سر سید پر نہ تو ایسی قید تھی کہ کھیلنے کودنے کی بالکل پابندی ہو اور نہ ایسی آزادی تھی کہ جہاں چاہیں اور جن کے ساتھ چاہیں کھیلتے کودتے پھریں۔ ان کی بڑی خوش نصیبی یہ تھی کہ خود ان کے ماموں، ان کی خالہ اور دیگر نزدیکی رشتہ داروں کے چودہ پندرہ لڑکے ان کے ہم عمر تھے جو آپس میں کھیلنے کودنے کے لئے کافی تھے۔۔ خواجہ فرید کی حویلی جس میں وہ اور ان کے ہم عمر رہتے تھے، اس کا چوک اور اس کی چھتیں ہر موسم کی

بھاگ دوڑ کے کھیلوں کے لئے کافی تھیں۔ ابتداء میں وہ اکثر گیند بلّا، کبڈی، گیڑیاں، آنکھ مچولی، چیل چلو وغیرہ کھیلتے تھے۔ اگرچہ گیڑیاں کھیلنے کو اشراف معیوب جانتے تھے مگر ان کے بزرگوں نے اجازت دے رکھی تھی کہ آپس میں سب بھائی مل کر گیڑیاں بھی کھیلو تو کچھ مضائقہ نہیں۔ سر سید کہتے تھے کہ:

"کھیل میں جب کچھ جھگڑا ہو جاتا تو بڑوں میں سے کوئی آکر تصفیہ کر دیتا اور جس کی طرف سے چنید معلوم ہوتی اس کو برا بھلا کہتا اور شرمندہ کرتا کہ چنید کرنا بے ایمانی کی بات ہے، کبھی چنید مت کرو اور جو چنید کرے اس کو ہرگز اپنے ساتھ مت کھیلنے دو۔"

ان کا بیان تھا کہ:

"باوجود اس قدر آزادی کے بچپن میں مجھے تنہا باہر جانے کی اجازت نہ تھی، جب میری والدہ نے اپنے رہنے کی جدا حویلی بنائی اور وہاں آرہیں تو باوجودیکہ اس حویلی میں اور نانا صاحب کی حویلی میں صرف ایک سڑک درمیان تھی، جب کبھی میں ان کی حویلی میں جاتا تو ایک آدمی میرے ساتھ جاتا، اسی لئے بچپن میں مجھے گھر سے باہر جانے اور عام صحبتوں میں بیٹھنے یا آوارہ پھرنے کا بالکل اتفاق نہیں ہوا۔"

سر سید اپنے کھیل کود کے زمانے میں بہت مستعد اور چالاک اور کسی قدر شوخ بھی تھے۔ اپنے ساتھیوں کے ساتھ اکثر شوخی کیا کرتے۔ وہ کہتے تھے کہ:

"ایک بار میں اپنے ایک رشتہ دار بھائی کو، جو استنجا کر رہا تھا، چپکے چپکے اس کے پیچھے جا کر چت کر دیا، اس کے سارے کپڑے خراب ہو گئے۔ وہ پتھر لے کر مجھے مارنے کو دوڑا اور کئی پتھر پھینکے مگر میں بچ بچ گیا۔ آخر سب بھائیوں نے بیچ بچاؤ کر کے صلح کرا دی۔ اسی طرح ایک بار میں شطرنج کھیلتے میں ایک اپنے رشتہ دار بھائی سے لڑ پڑا، میرے مکے سے اس کے ہاتھ کی اُنگلی اُتر گئی اور کئی دن بعد اچھی ہوئی۔ ہمیشہ یونہی لڑائی بھڑائی مار کٹائی

ہوتی تھی مگر آخر کو سب ایک ہو جاتے تھے۔"

تیراکی کے جلسے:

گرمی اور برسات کے موسم میں اب بھی دلّی کے اکثر باشندے سہ پہر کو جمنا پر جا کر پانی کی سیر دیکھتے ہیں اور تیرنے والے تیرتے بھی ہیں مگر پچاس برس پہلے وہاں اشراف تیرنے والوں کے بہت دلچسپ جلسے ہوتے تھے۔ سرسید کہتے تھے کہ:

"میں نے اور بڑے بھائی نے اپنے والد سے تیرنا سیکھا تھا ایک زمانہ تو وہ تھا کہ ایک طرف دلی کے مشہور تیراک مولوی علیم اللہ کا غول ہوتا تھا جن میں مرزا مغل اور مرزا طفل بہت سر بر آوردہ اور نام تھے اور دوسری طرف ہمارے والد کے ساتھ سو سوا سو شاگردوں کا گروہ ہوتا تھا۔ یہ سب ایک ساتھ دریا میں کودتے تھے اور مجنوں کے ٹیلے سے شیخ محمد کی بائیں تک یہ سارا گروہ تیرتا جاتا تھا۔ پھر جب ہم دونوں بھائی تیرنا سیکھتے تھے اس زمانہ میں بھی تیس چالیس آدمی والد کے ساتھ ہوتے تھے۔ ان ہی دنوں میں نواب اکبر خاں اور چند اور رئیس زادے بھی تیرنا سیکھتے تھے۔ زینۃ المساجد کے پاس نواب احمد بخش خاں کے باغ کے نیچے جمنا بہتی تھی، وہاں سے تیرنا شروع ہوتا تھا۔ مغرب کے وقت سب تیراک زینۃ المساجد میں جمع ہو جاتے تھے اور مغرب کی نماز جماعت سے پڑھ کر اپنے اپنے گھر چلے آتے تھے۔ میں ان جلسوں میں اکثر شریک ہوتا تھا۔"

تیر اندازی کی صحبتیں:

تیر اندازی کی صحبتیں بھی سرسید کے ماموں نواب زین العابدین خان کے مکان پر ہوتی تھیں۔ وہ کہتے تھے کہ:

"مجھے اپنے ماموں اور والد کے شوق کا وہ زمانہ جب کہ نہایت دھوم دھام سے تیر اندازی ہوتی تھی، یاد نہیں۔ مگر جب دوبارہ تیر اندازی کا چرچا ہوا وہ بخوبی یاد ہے۔ اس

زمانہ میں دریا کا جانا موقوف ہو گیا تھا۔ ظہر کی نماز کے بعد تیر اندازی شروع ہوتی تھی۔ نواب فتح اللہ بیگ خاں، نواب سید عظمت اللہ خاں، نواب ابراہیم علی خاں اور چند شاہزادے اور رئیس اور شوقین اس جلسہ میں شریک ہوتے تھے۔ نواب شمس الدین خاں رئیس فیروز پور جھر کہ جب دلی میں ہوتے تھے تو وہ بھی آتے تھے۔ میں نے بھی اسی زمانہ میں تیر اندازی سیکھی اور مجھ کو خاصی مشق ہو گئی تھی۔ مجھے خوب یاد ہے کہ ایک دفعہ میر انشانہ جو تودے میں نہایت صفائی سے جا کر بیٹھا تو والد بہت خوش ہوئے اور کہا، "مچھلی کے جائے کو کون تیر نا سکھائے!" یہ جلسہ برسوں تک رہا، پھر موقوف ہو گیا۔"

بابِ دوّم: عالمِ شباب

راگ رنگ کی محفلیں:

سر سید کا عنفوانِ شباب نہایت زندہ دل اور رنگین صحبتوں میں گزرا تھا۔ وہ راگ رنگ کی مجلسوں میں شریک ہوتے تھے۔ باغوں کی سیر کو دوستوں کے ساتھ جاتے تھے اور وہاں راگ رنگ اور دعوتوں کے جلسوں میں شریک ہوتے تھے۔ ہولی کے جلسوں اور تماشوں میں جاتے تھے۔ پھول والوں کی سیر میں خواجہ* صاحب پہنچتے تھے اور وہاں کی صحبتوں میں شریک ہوتے تھے۔ دلی میں بسنت کے میلے میں جو موسم بہار کے آغاز میں درگاہوں پر ہوتے تھے وہاں جاتے تھے۔ خود ان کے نانا خواجہ فرید کی قبر چونسٹھ کھمبے میں جو بسنت کا میلہ ہوتا تھا اس میں وہ اپنے اور بھائیوں کے ساتھ منتظم و مہتمم ہوتے تھے۔

اس زمانے میں خواجہ محمد اشرف ایک بزرگ دلی میں تھے۔ ان کے گھر پر بسنت کا جلسہ ہوتا تھا۔ شہر کے خواص وہاں مدعو ہوتے تھے۔ نامی نامی طوائف زرد لباس پہن کر وہاں آتی تھیں۔ مکان میں بھی زرد فرش ہوتا تھا دالان کے سامنے ایک چبوترہ تھا جس میں حوض تھا۔ اس حوض میں زرد ہی پانی کے فوارے چھوٹتے تھے۔ صحن میں جو چمن تھا اس میں جھڑاں زرد پھول کھلے ہوتے تھے اور طوائف باری باری بیٹھ کر گاتی تھیں۔ سر سید کہتے تھے کہ:

"میں ہمیشہ وہاں جاتا تھا اور اس جلسہ میں شریک ہوتا تھا۔"

*: درگاہ حضرت خواجہ بختیار کاکی

ظرافت کا اظہار:

سر سید جیسے بڑھاپے میں بذلہ سنج تھے جوانی میں اس سے بھی زیادہ ظرافت اور حاضر جوابی ان کی طبیعت میں تھی۔ دلی میں ایک مشہور طوائف شیریں جان نامی نہایت حسین تھی مگر سنا ہے کہ اس کی ماں بھدی اور سانولے رنگ کی تھی۔ ایک مجلس میں جہاں وہ اپنی ماں کے ساتھ مُجرا کے لیے آئی تھی، سر سید بھی موجود تھے اور وہیں ان کے ایک قندھاری دوست بھی بیٹھے تھے۔ وہ اس کی ماں کو دیکھ کر بولے:

"مادرش بسیار تلخ است"

سر سید نے یہ مصرعہ پڑھا

"گرچہ تلخ ست ولیکن برِ شیریں دارد!"

بابِ سوّم: بزرگوں کا تذکرہ

دادا کا فارسی دیوان:

سر سید کہتے تھے کہ:

"سید ہادی فارسی شعر کہتے تھے اور ان کا پورا دیوان ان کے ہاتھ کا لکھا ہوا میرے پاس موجود تھا جو غدر کے زمانہ میں تلف ہو گیا۔"

نانا کے بھائی فقیری راہ پر:

خواجہ نجیب الدین ، جو نواحِ دہلی میں شاہ فدا حسین کے نام سے مشہور ہیں، سہر وردی خاندان میں ایک نیا فرقہ رسول شاہ کے پیروؤں کا پیدا ہو گیا تھا۔ شاہ فدا حسین اس فرقہ میں ابتدائی عمر سے داخل ہو گئے تھے اور رسول شاہ کے جانشین مولوی محمد حنیف کے چیلے بن گئے تھے۔۔۔ سر سید کہتے تھے کہ:

"وہ نہایت خوش بیان اور خوش تقریر تھے جب میرے والد کا انتقال ہوا تو میری والدہ کو جو ان کی بھتیجی تھیں، اپنے پاس بلا کر ایسی عمدہ تقریر کی کہ اب تک اس کا لطف میرے دل سے نہیں بھولا۔"

والد کا مغلیہ دربار میں رسوخ:

سر سید کے والد میر متقی ایک آزاد طبیعت کے آدمی تھے۔ اگرچہ شاہ عالم کے زمانہ میں اور ان کے بعد اکبر بادشاہ کے زمانہ میں جو درجہ دربارِ عام اور دربارِ خاص میں ان کے والد کا تھا وہی درجہ میر متقی کا بھی رہا۔۔۔ مگر چونکہ ان کو اکبر شاہ کے ساتھ شاہزادگی کے

زمانہ سے نہایت خلوص اور خصوصیت تھے اس لئے شاہ عالم کے انتقال کے بعد ان کا رسوخ دربار میں پہلے سے بھی زیادہ ہو گیا تھا۔ مثمن برج سے پیوستہ جو مکان خواب گاہ کے نام سے مشہور تھا اور جہاں خاص خاص لوگوں کے سوا کوئی نہ جا سکتا تھا، میر متقی برابر وہاں جاتے تھے۔ سر سید کہتے تھے کہ:

" میں بارہا اپنے والد کے ساتھ اور نیز تنہا بھی اس خاص دربار میں گیا ہوں۔"

والدہ کی نصیحت کا اثر:

سر سید نے ایک شخص کا ہم سے ذکر کیا کہ:

"جب میں صدر امین تھا تو اس کے ساتھ میں نے کچھ سلوک کیا تھا اور اس کو ایک سخت مواخذہ سے بچایا تھا، مگر ایک مدت کے بعد اس نے میرے ساتھ درپردہ برائی کرنی شروع کی اور ایک مدت تک میری شکایت کی گمنام عرضیاں صدر میں بھیجتا رہا۔ آخر تمام وجہ ثبوت، جس سے اس کو کافی سزا مل سکتی تھی، میرے ہاتھ آگئی اور اتفاق سے اس وقت مجسٹریٹ بھی وہ شخص تھا جو اس کے پھانسنے کی فکر میں تھا۔ میرے نفس نے مجھ کو انتقام لینے پر آمادہ کیا۔ میری والدہ کو جب میرا یہ ارادہ معلوم ہوا تو انہوں نے مجھ سے کہا کہ سب سے بہتر تو یہ ہے کہ درگزر کرو اور اگر بدلہ ہی لینا چاہتے ہو تو اس زبردست حاکم کے انصاف پر چھوڑ دو جو ہر بدی کی پوری سزا دینے والا ہے۔ اپنے دشمنوں کو دنیا کے کمزور حاکموں سے بدلہ دلوانا بڑی نادانی کی بات ہے۔" ان کے اس کہنے کا مجھ پر ایسا اثر ہوا کہ اس دن سے آج تک مجھ کو کبھی کسی اپنے دشمن یا بدخواہ سے انتقام لینے کا خیال نہیں آیا اور امید ہے کہ کبھی نہ آئے گا، بلکہ ان ہی کی نصیحت کی بدولت میں یہ بھی نہیں چاہتا کہ آخرت میں خدا اس سے میرا بدلہ لے۔"

والدہ کا نظام مصارف:

جب کہ وہ دلی میں منصف تھے ان کو عمارات شہر اور نواحِ شہر کی تحقیقات کا خیال

ہوا۔ وہ کہتے تھے کہ:

"میں اپنی کُل تنخواہ والدہ کو دے دیتا تھا۔ وہ اس میں صرف پانچ روپے مہینہ اوپر کے خرچ کے لئے مجھ کو دے دیتی تھیں، باقی میرے تمام اخراجات ان کے ذمہ تھے۔ جو کپڑا وہ بنا دیتی تھیں پہن لیتا تھا اور جیسا کھانا وہ پکا دیتی تھیں، کھالیتا تھا۔"

اس کا سبب یہ تھا کہ ان کی آمدنی گھر کے اخراجات کو مشکل سے مکتفی ہوتی تھی۔ ان کے بڑے بھائی کا انتقال ہو چکا تھا جس سے سو روپیہ ماہوار کی آمدنی کم ہو گئی تھی، قلعہ کی تنخواہیں تقریباً بند ہو گئیں تھیں، باپ کی ملک بھی بسبب حین حیات ہونے کے ضبط ہو گئی تھی، کرایہ کی آمدنی بہت قلیل تھی، صرف سر سید کی تنخواہ کے سو روپے ماہوار تھے اور سارے کنبے کا خرچ تھا۔

والدہ سے دلبستگی:

اپنی والدہ کے ساتھ جیسی ان کو دل بستگی تھی ایسی بہت ہی کم سنی گئی ہے۔ اور جیسی کہ وہ جوانی میں ماں کی اطاعت کرتے تھے اور ان کے غصہ اور خفگی کی برداشت کرتے تھے اس طرح بچے بھی اپنے ماں باپ کا کہنا نہیں مانتے۔ وہ کہتے تھے کہ:

"مجھ کو ماں کے مرنے کا اتنا رنج نہیں ہوا جتنا کہ بھائی کے مرنے کا ہوا تھا، کیونکہ غدر کے مصائب کا زمانہ تھا اور ہر وقت یہ خیال رہتا تھا کہ ایسا نہ ہو میں پہلے مر جاؤں اور میرے بعد والدہ کی زندگی سختی اور تلخی میں گزرے۔"

انہوں نے مرنے سے چند سال پہلے میرٹھ میں جہاں ان کی والدہ مدفون ہیں، ایک پبلک اسپیچ میں اپنی ماں کا ذکر کیا، معاً ان کا دل بھر آیا اور اس بڑھاپے میں ان کو ماں کے ذکر پر روتا دیکھ کر لوگ متعجب ہو گئے۔

بابِ چہارم: عادات و خصائل

وہ کہتے تھے کہ حافظ عبدالرحمٰن جو 45 برس سر سید کے رفیق رہے، وہ رہتک میں بھی ان کے ساتھ تھے۔ اگرچہ وہ سرکاری نوکر تھے مگر سید صاحب قلتِ تنخواہ کے سبب ان کو اپنے پاس رکھتے تھے۔ اُن سے اکثر ہنسی چُہل کی باتیں ہوتی رہتی تھیں۔ حافظ جی اپنی ترقی کے لئے اکثر کہا کرتے مگر چونکہ ترقی کی گنجائش نہ تھی، سید صاحب ہنسی سے یہ کہی کر ٹال دیتے تھے کہ:

"تمہارا خط اچھا نہیں اور نہ کبھی اچھا ہو سکتا ہے کیونکہ تم بد صورت ہو اور بد صورت کبھی خوش نویس نہیں ہو سکتا۔"

ایک دن حافظ جی نے کہا، "آپ تو ماشاءاللہ بہت وجیہ ہیں، آپ کا خط کیوں اچھا نہیں؟" سید صاحب نے کہا:

"میرے گلے کی رسولی نے میری وجاہت کو بگاڑ دیا ہے، اس واسطے میں بھی بد صورت ہو گیا ہوں، پس میرا خط کیونکر اچھا ہو سکتا ہے؟"

ایک دن سید صاحب نے حافظ جی سے کہا:

"بھلا صاحب! اگر تم بادشاہ ہو جاؤ تو مجھے کیا عہدہ دو؟"

حافظ جی نے ذرا روکھی صورت بنا کر کہا، "حضرت میں مجبور ہوں، چونکہ آپ کا خط اچھا نہیں اس لئے کوئی عہدہ نہ دے سکوں گا۔"

سید صاحب اور ہم سب لوگ یہ گرم فقرہ سن کر پھڑک گئے اور بہت دیر تک ہنستے

رہے۔

میں سِڑا ہوں:

منشی صاحب × کہتے تھے کہ دلی میں مولوی امام بخش صہبائی نے سید صاحب سے پوچھا کہ، "تم نے غلام نبی میں کیا بات دیکھی جو اس پر اس قدر مہربان ہو؟" سید صاحب نے کہا:

"کچھ نہیں، صرف اتنی بات ہے کہ جیسا میں سِڑا ہوں ایسا ہی وہ سِڑا ہے۔"

مرزا غالب سے تجدیدِ مراسم:

دہلی کے جن نامور لوگوں کی تقریظیں آثار الصنادید کے آخر میں درج ہیں انہوں نے آئینِ اکبری پر بھی نظم یا نثر میں تقریظیں لکھی تھیں مگر آئین کے آخر میں صرف مولانا صہبائی کی تقریظ چھپی ہے۔ مرزا غالب کی تقریظ جو ایک چھوٹی سی فارسی مثنوی ہے وہ کلیاتِ غالب میں موجود ہے مگر آئینِ اکبری میں سرسید نے اس کو قصداً نہیں چھپوایا۔ اس تقریظ میں مرزا نے یہ ظاہر کیا ہے کہ ابوالفضل کی کتاب اس قابل نہ تھی کہ اس کی تصحیح میں اس قدر کوشش کی جائے۔

سرسید کہتے تھے کہ:

"جب میں مراد آباد میں تھا، اس وقت مرزا صاحب، نواب یوسف علی خاں مرحوم سے ملنے کو رام پور گئے تھے۔ ان کے جانے کی تو مجھے خبر نہیں ہوئی مگر جب دلی کو واپس جاتے تھے، میں نے سنا کہ وہ مراد آباد میں سرائے میں آکر ٹھہرے ہیں۔ میں فورا سرائے میں پہنچا اور مرزا صاحب کو مع اسباب اور تمام ہم راہیوں کے اپنے مکان پر لے آیا۔"

ظاہرہ جب سے کہ سرسید نے تقریظ کے چھاپنے سے انکار کیا تھا وہ مرزا سے اور

مرزا ان سے نہیں ملے تھے اور دونوں کو حجاب دامن گیر ہو گیا تھا اور اسی لئے مرزا نے مراد آباد میں آنے کی ان کو اطلاع نہیں دی تھی۔ الغرض جب مرزا سرائے سے سر سید کے مکان پر پہنچے اور پالکی سے اُترے تو ایک بوتل ان کے ہاتھ میں تھی انہوں نے اس کو مکان میں لاکر ایسے موقع پر رکھ دیا جہاں ہر ایک آتے جاتے کی نگاہ پڑتی تھی۔ سر سید نے کسی وقت اس کو وہاں سے اُٹھا کر اسباب کی کوٹھڑی میں رکھ دیا۔ مرزا نے جب بوتل کو وہاں نہ پایا تو بہت گھبرائے، سر سید نے کہا:

"آپ خاطر جمع رکھئے، میں نے اس کو بہت احتیاط سے رکھ دیا ہے۔"

مرزا صاحب نے کہا، " بھئی مجھے دکھا دو، تم نے کہاں رکھی ہے؟" انہوں نے کوٹھڑی میں لے جا کر بوتل دکھا دی۔ آپ نے اپنے ہاتھ سے بوتل اُٹھا کر دیکھی اور مسکرا کر کہنے لگے کہ، " بھئی! اس میں تو کچھ خیانت ہوئی ہے۔ سچ بتاؤ، کس نے پی ہے، شاید اسی لئے تم نے کوٹھڑی میں لاکر رکھی تھی، حافظ نے سچ کہا ہے:

واعظاں کایں جلوہ در محراب و منبر میکنند

چوں بخلوت میروند آں کارِ دیگر میکنند

سر سید ہنس کے چُپ ہو رہے اور اس طرح وہ رکاوٹ جو کئی برس سے چلی آتی تھی، رفع ہو گئی، میرزا دو ایک دن وہاں ٹھہر کر دلی چلے آئے۔

× : منشی غلام نبی خاں

کثیر اخراجات کی برداشت:

جس زمانہ میں سر سید مولوی نوازش علی مرحوم سے دلی میں پڑھتے تھے میر محمد مرحوم امام جامع مسجد دہلی بھی ان کے ساتھ پڑھتے تھے۔ وہ کہتے تھے کہ جب سید صاحب چند روز کے لئے قائم مقام صدر امین مقرر ہو کر رہتک جانے لگے تو انہوں نے

مولوی صاحب سے کہا کہ آپ بھی رہتک چلئے۔ مولوی صاحب ہنسنے لگے اور کہا کہ میں بھلا کیونکر جا سکتا ہوں ؟ ایک جماعت کثیر طلبہ کی مجھ سے پڑھتی ہے، ان کو کس پر چھوڑ کر جاؤں؟ انہوں نے کہا، "سب طلبہ کو بھی ساتھ لے چلئے۔" مولوی صاحب کو اور زیادہ تعجب ہوا کہ اتنے طالبِ علم کھائیں گے کہاں سے ؟ سید صاحب نے کہا:

۔۔۔۔سید صاحب نے کہا:

"آپ ان کے کھانے پینے کا تو فکر کیجئے نہیں، خدا رازق ہے، لیکن یہ سمجھ لیجئے کہ اگر آپ نہ چلیں گے تو میں رہتک جانے سے انکار کر دوں گا اور اس سے میری آئندہ ترقی رک جائے گی۔"

آخر مولوی صاحب کو اس کے علاوہ کچھ بن نہ آیا کہ وہ مع طالب علموں کی جماعت کے ان کے ساتھ ہو لئے اور جب تک رہتک رہنا ہوا سب کا خرچ سید صاحب کے ذمہ رہا۔

خانگی اخراجات کا گوشوارہ:

سر سید کے ایک دوست ایک زمانہ میں ان کے خانگی اخراجات کا حساب لکھا کرتے تھے۔ ان کا بیان ہے کہ جب مہینہ ختم ہوا، میں تمام اخراجات کا مختصر گوشوارہ بنا کر ان کو دکھانے لے گیا۔ سر سید نے کہا،:

"بس مجھے دکھانے کی کچھ ضرورت نہیں، یوں ہی چلنے دو، میں دیکھوں گا تو ناحق میرے دل کا صدمہ ہو گا۔"

عقدِ ثانی سے گریز:

جب سر سید کی بی بی کا انتقال ہوا اس وقت ان کی عمر کچھ اُوپر چالیس برس کی تھی اور تین صغیر سن بچے، جن کی پرورش اور رکھ رکھاؤ اکیلے باپ سے ہونا سخت دشوار تھا، موجود

تھے۔ ہر چند دوستوں نے سمجھایا کہ دوسری شادی کر لو تاکہ اپنی زندگی بھی آسائش سے گزرے اور بچوں کی پرورش میں بھی آسانی ہو، مگر محبت اور وفاداری نے ہر گز اجازت نہ دی۔ ان کے ایک دوست کا بیان ہے کہ، "میں ان کو ہمیشہ دوسرے نکاح کی ترغیب دیا کرتا تھا، وہ سن کر ہنسی میں ٹال دیتے تھے، ایک دن وہ برآمدہ میں ٹہل رہے تھے، میں نے پھر وہی ذکر چھیڑا، انہوں نے دردناک لہجہ میں کہا کہ:

"محمود کی ماں کہاں سے آئے گی؟"

پھر میں نے یہ ذکر کرنا چھوڑ دیا۔"

مولوی نذیر حسین اور رفع یدین:

سر سید نے ایک موقع پر دلی کے ایک نہایت مقدس × عالم سے، جو اپنے شاگردوں اور معتقدوں کو رفع یدین کی تاکید کرتے تھے مگر خود کبھی ہاتھ نہیں اٹھاتے تھے، کہا کہ:

"حضرت نہایت تعجب کی بات ہے کہ آپ باوجود مقتدائے دین ہونے کے صرف طعن و ملامت کے خوف سے جس بات کو دل سے حق جانتے ہیں اس کے موافق کبھی عمل نہیں کرتے۔ ہم ہزاروں گناہ کرتے ہیں اور دنیا کے مکروہات میں پھنسے ہوئے ہیں، مگر جو بات حق معلوم ہوتی ہے اس کے کرنے میں ایک لمحہ توقف نہیں کرتے اور لوگوں کے طعن و ملامت سے نہیں ڈرتے۔"

سر سید کے کہنے کا ان کو ایسا اثر ہوا کہ انہوں نے اسی روز جامع مسجد میں جا کر علی الاعلان رفع یدین کیا، لیکن معلوم نہیں کہ وہ ہمیشہ اس پر قائم رہے یا نہیں۔

شاہ غلام علی سے عقیدت:

سر سید نے ایک دفعہ شاہ صاحب کا ذکر کرتے ہوئے ہمارے سامنے یہ کہا تھا کہ

"گو اس قسم کی عقیدت جیسی مریدوں کو اپنے شیخ کے ساتھ ہوتی ہے مجھ کو نہیں

ہے، لیکن نہایت قوی تعلق اور رابطہ اخلاص میرے دل میں شاہ صاحب کے ساتھ ہے اور میں چاہتا ہوں کہ میری لائف میں اس بات کی تصریح کی جائے۔"

× : سرسید نے اپنے ایک خط میں اس واقعہ کا ذکر کرتے ہوئے ان عالم کا نام مولوی نذیر حسین دہلوی بتایا ہے

(مکتوبات سرسید، مجلس ترقی ادب لاہور، 1959ء، ص- 649)

بابِ پنجم: تصانیف

آثار الصنادید:

--- سر سید ہمیشہ تعطیلوں میں عماراتِ بیرونِ شہر کی تحقیقات کیلئے شہر کے باہر جاتے تھے اور جب کئی دن کی تعطیل ہوتی تھی تو رات کو بھی اکثر باہر رہتے تھے۔ ان کے ساتھ اکثر ان کے دوست اور ہمدم مولانا امام بخش صہبائی مرحوم ہوتے تھے--- کتبوں کے چربے اُتارنے اور ہر ایک کتبے کو کو بعینہ اس کے اصلی خط میں دکھانا، ہر ٹوٹی پھوٹی عمارت کا نقشہ جوں کا تُوں مصور سے کھچوانا اور اس طرح کچھ اُوپر سوا سو عمارتوں کی تحقیقات سے عہدہ بر آہونا فی الحقیقت نہایت دشوار کام تھا۔ سر سید کہتے تھے کہ:

"قطب صاحب کی لاٹ کے بعض کتبے جو زیادہ بلند ہونے کے سبب پڑھے نہ جا سکتے تھے، ان کے پڑھنے کو ایک چھینکا دو بلیوں کے بیچ میں ہر ایک کتبے کے محاذی بندھوا لیا جاتا تھا اور میں خود اُوپر چڑھ کر اور چھینکے میں بیٹھ کر ہر کتبے کا چربا اتارتا تھا۔ جس وقت میں چھینکے میں بیٹھتا تھا تو مولانا صہبائی فرطِ محبت کے سبب بہت گھبراتے تھے اور خوف کے مارے ان کا رنگ متغیر ہو جاتا تھا۔"

رسالہ نمیقہ:

سر سید کی تصنیفات کی فہرست میں جو ایک رسالہ موسوم بہ "نمیقہ" بہ زبانِ فارسی تصور شیخ کے بیان میں ہے اس کی نسبت سر سید کہتے تھے کہ:

"میں نے اسے شاہ احمد سعید صاحب کو دکھایا تھا، انہوں نے اس کو دیکھ کر یہ فرمایا کہ جو باتیں اس میں لکھی گئی ہیں وہ اہلِ حال کے سوا کوئی نہیں لکھ سکتا۔ بس یہ اس توجہ کی برکت ہے جو شاہ صاحب × کو تمہارے ساتھ تھی اور اب تک ہے۔"

تاریخِ ضلع بجنور:

سر سید نے یہ تاریخ بھی اپنی جبلی عادت کے موافق نہایت تحقیق اور کاوش اور محنت کے ساتھ لکھی۔ ان کا بیان ہے کہ:

"گو اس تاریخ میں ضلع کے حالات کے سوا کوئی عام دلچسپی کی بات نہ تھی مگر اثنائے تحقیقات بعض قانون گویوں کے پاس اکبر اور عالمگیر کے زمانہ کے ایسے کاغذات ملے جن سے نہایت عمدہ نتیجے نکلتے تھے۔"

ان سب کاغذات کی نقلیں اپنے اپنے موقع پر اس تاریخ میں درج تھیں۔-----

-------جب یہ تاریخ لکھی جاچکی تو صاحب کلکٹر نے اس کو ملاحظہ کے لئے صدر بورڈ میں بھیج دیا۔ ابھی وہ بورڈ سے واپس نہ آئی تھی کہ غدر ہو گیا اور آگرہ میں تمام دفتر سرکاری کے ساتھ وہ بھی ضائع ہو گئی۔

× : شاہ غلام علی صاحب

اسبابِ بغاوتِ ہند:

انہوں نے مراد آباد میں آکر اسبابِ بغاوتِ ہند پر ایک رسالہ لکھا جس میں رعایائے ہندوستان کو اور خاص کر مسلمانوں کو، جن پر سارا نچوڑ انگریزوں کی بدگمانی کا تھا، بغاوت کے الزام سے بری کیا ہے اور اس خطرناک اور نازک وقت میں وہ تمام الزامات جو لوگوں کے خیال میں گورنمنٹ پر عائد ہوتے تھے، نہایت دلیری اور آزادی کے ساتھ پوست کندہ بیان کئے ہیں اور جو اسباب کہ انگریزوں کے ذہن میں جاگزیں تھے، ان کی

تردید کی ہے اور ان کو غلط بتایا ہے۔۔۔ اس کی پانچ سو جلدیں چھپ کر ان کے پاس پہنچ گئیں۔ جب سر سید نے ان کو پارلیمنٹ اور گورنمنٹ انڈیا بھیجنے کا ارادہ کیا تو ان کے دوست مانع آئے اور ماسٹر رام چند کے چھوٹے بھائی رائے شنکر داس جو اس وقت مراد آباد میں منصف اور سر سید کے نہایت دوست تھے، انہوں نے کہا کہ ان تمام کتابوں کو جلا دو اور ہرگز اپنی جان کو خطرے میں نہ ڈالو۔ سر سید نے کہا:

"میں ان باتوں کو گورنمنٹ پر ظاہر کرنا ملک اور قوم اور خود گورنمنٹ کی خیر خواہی سمجھتا ہوں۔ پس اگر ایک ایسے کام پر جو سلطنت اور رعایا دونوں کے لئے مفید ہو، مجھ کو کچھ گزند بھی پہنچ جائے تو گوارا ہے۔"

رائے شنکر داس نے جب سر سید کی آمادگی بدرجہ غایت دیکھی اور ان کے سمجھانے کا کچھ اثر نہ ہوا تو وہ آبدیدہ ہو کر خاموش ہو رہے۔

لارڈ کیننگ نے فرخ آباد میں دربار کیا اور سر سید بھی اس دربار میں بلائے گئے تو وہاں ایک موقع پر مسٹر سسل بیڈن فارن سیکرٹری گورنمنٹ انڈیا سے مڈ بھیڑ ہو گئی۔ جب ان کو معلوم ہوا کہ سید احمد خان یہی شخص ہے اور اسی نے اسبابِ بغاوت پر وہ مضمون لکھا ہے تو سر سید سے دوسرے روز علیحدہ مل کر اپنی نہایت رنجش ظاہر کی اور بہت دیر تک تلخ گفتگو ہوتی رہی۔ انھوں نے کہا کہ اگر تم گورنمنٹ کی خیر خواہی کے لئے یہ مضمون لکھتے تو ہرگز اس کو چھپوا کر ملک میں شایع نہ کرتے بلکہ صرف گورنمنٹ پر اپنے یا رعایا کے خیالات ظاہر کرتے۔

سر سید نے کہا،

"میں نے اس کتاب کی پانچ سو جلدیں چھپوائی تھیں جن میں سے چند جلدیں میرے پاس موجود ہیں اور ایک گورنمنٹ میں بھیجی ہے اور کچھ کم پانچ سو جلدیں ولایت روانہ کی

ہیں جن کی رسید میرے پاس موجود ہے۔ میں جانتا تھا کہ آجکل بسبب غیظ و غضب کے حاکموں کی رائے صائب نہیں رہی اور اس لئے وہ سیدھی باتوں کو بھی الٹی سمجھتے ہیں، اس لئے جس طرح میں نے اس کو ہندوستان میں شایع نہیں کیا اسی طرح انگریزوں کو بھی نہیں دکھایا صرف ایک کتاب گورنمنٹ کو بھیجی ہے۔ اگر اس کے سوا ایک جلد بھی کہیں ہندوستان میں مل جائے تو میں فی جلد ایک ہزار روپیہ دوں گا۔"

مسٹر بیڈن کو اس بات کا یقین نہ آیا اور انہوں نے کئی بار سر سید سے پُوچھا کہ کیا فی الواقع اس کا کوئی نسخہ ہندوستان میں شائع نہیں ہوا؟ جب ان کا اطمینان ہو گیا پھر انہوں نے اس کا کچھ ذکر نہیں کیا اور اس کے بعد ہمیشہ سر سید کے دوست اور حامی و مددگار رہے۔

انہوں نے زبانی مجھ سے اس طرح بیان کیا کہ

"ولایت میں سر جان۔ کے۔ فارن سیکرٹری وزیر ہند سے پرائیویٹ ملاقات ہوئی تو ان کی میز پر ایک دفتر کاغذات کا موجود تھا۔ انہوں نے ہنس کر کہا کہ، "کیا تم جانتے ہو، یہ کیا چیز ہے؟" یہ تمہارا رسالہ اسبابِ بغاوت اصل اور اس کا انگریزی ترجمہ ہے۔ اور اس کے ساتھ وہ تمام مباحثات ہیں جو اس پر پارلیمنٹ میں ہوئے۔ مگر چونکہ وہ تمام مباحثے کانفیڈنشل تھے اس لئے وہ نہ چھپے اور نہ ان کا ولایت کے کسی اخبار میں تذکرہ ہوا۔"

خطباتِ احمدیہ:

سر سید کہتے تھے کہ

" 1870ء میں جبکہ خطباتِ احمدیہ چھپ کر لندن میں شائع ہوئی تو اس پر لندن کے ایک اخبار میں کسی انگریز نے لکھا تھا کہ عیسائیوں کو ہوشیار ہو جانا چاہیے کہ ہندوستان کے ایک مسلمان نے ان ہی کے ملک میں بیٹھ کر ایک کتاب لکھی ہے جس میں اس نے

دکھایا ہے کہ اسلام ان داغوں اور دھبوں سے پاک ہے جو عیسائی اس کے خوش نما چہرے پر لگاتے ہیں۔"

تفسیر القرآن:

قرآن مجید کی تفسیر لکھنے سے سر سید کا مقصد، جیسا کہ عموماً خیال کیا جاتا ہے، یہ ہرگز نہ تھا کہ اس کے مضامین عام طور پر تمام اہلِ اسلام کی نظر سے گزریں۔ چنانچہ ایک دفعہ ایک مولوی نہایت معقول اور ذی استعداد ان کے پاس آئے اور کہا کہ، "میں آپ کی تفسیر دیکھنے کا خواہشمند ہوں اگر آپ مستعار دیں تو میں دیکھنا چاہتا ہوں۔" سر سید نے ان سے کہا کہ،

" آپ کو خدا کی وحدانیت اور رسولِ خدا صلی اللہ علیہ و آلہ وسلم کی رسالت پر تو ضرور یقین ہو گا؟"

انہوں نے کہا، "الحمد للہ!"

پھر کہا،

" آپ حشر و نشر اور عذاب و ثواب اور بہشت و دوزخ پر اور جو کچھ قرآن میں قیامت کی نسبت بیان ہوا ہے، سب پر یقین رکھتے ہوں گے؟"

انہوں نے کہا، "الحمد للہ!"

سر سید نے کہا،

"بس تو میری تفسیر آپ کے لئے نہیں ہے۔ وہ صرف ان لوگوں کے لئے ہے جو مذکورہ بالا عقائد پر پختہ یقین نہیں رکھتے یا ان پر معترض یا ان میں متردد ہیں۔"

سر سید نے ایک موقع پر تفسیر کی نسبت کہا کہ

"اگر زمانہ کی ضرورت مجھ کو مجبور نہ کرتی تو میں کبھی اپنے ان خیالات کو ظاہر نہ کرتا

بلکہ لکھ کر اور ایک لوہے کے صندوق میں بند کر کے چھوڑ جاتا اور یہ لکھ جاتا کہ جب تک ایسا اور ایسا زمانہ نہ آئے، اس کو کوئی کھول کر نہ دیکھے۔ اور اب بھی میں اس کو بہت کم چھپواتا اور گراں بیچتاہوں تاکہ صرف خاص خاص لوگ اس کو دیکھ سکیں۔ سر دست عام لوگوں میں اس کا شائع ہونا اچھا نہیں!"

بابِ ششم: واقعات 1857ء

انگریزوں کے لئے جاں نثاری:

مسٹر شیکسپیئر جو اس زمانہ میں بجنور کے کلکٹر اور مجسٹریٹ تھے، گو کہ سر سید کو باعتبار عہدے کے ان سے کچھ تعلق نہ تھا مگر مسٹر شیکسپیئر اور مسز شیکسپیئر سے ان کی بہت راہ و رسم تھی۔ جب بجنور میں بغاوت کے آثار نمودار ہونے لگے اور حالت خطرناک ہوئی تو مسز شیکسپیئر بہت گھبرائیں۔ سر سید کو جب یہ حال معلوم ہوا تو جا کر ان کی تشفی کی اور کہا کہ

" جب تک ہم زندہ ہیں آپ کو گھبرانا نہیں چاہیے۔ جب آپ دیکھیں کہ ہماری لاش کوٹھی کے سامنے پڑی ہے، اس وقت گھبرانے کا مضائقہ نہیں۔"

مسٹر شیکسپیئر ہمیشہ سر سید کی اس شریفانہ تقریر کے شکر گزار رہے۔ سر سید کا یہ کہنا صرف زبانی نہ تھا بلکہ انہوں نے اپنے افعال × سے اس قول کو سچ کر دکھایا۔

× : لائل محمڈنز آف انڈیا میں سر سید لکھتے ہیں:

"میں نے اپنی گورنمنٹ کی خیر خواہی اور سرکار کی وفاداری پر چست کمر باندھی، ہر حال اور ہر امر میں مسٹر الیگزینڈر شیکسپیئر صاحب بہادر کلکٹر و مجسٹریٹ بجنور کے شریک رہا۔ یہاں تک کہ ہم نے اپنے مکان پر رہنا موقوف کر دیا۔ دن رات صاحب کی کوٹھی پر

حاضر رہتا تھا اور رات کو کوٹھی پر پہرہ دینا اور حکام کی اور میم صاحبہ اور بچوں کی حفاظت جان کا خاص اپنے ذمہ اہتمام لیا۔ ہم کو

یاد نہیں ہے کہ دن رات میں کسی وقت ہمارے بدن پر سے ہتھیار اترا ہو۔"

(لائل محمڈنز آف انڈیا حصہ اول مطبوعہ 1860ء، میرٹھ، صفحہ 13،14)

آگے چل کر سر سید اپنی جاں نثاری کی آرزو کے دعوے کے ثبوت میں ایک واقعہ یوں بیان کرتے ہیں، "دفعتاً 29 نمبر کی کمپنی سہارنپور سے بجنور میں آگئی۔ میں اس وقت صاحب ممدوح پاس نہ تھا۔ دفعتاً میں نے سنا کہ فوج باغی آگئی اور صاحب کے بنگلہ پر چڑھ گئی۔ میں نے یقین جان لیا کہ سب صاحبوں کا کام تمام ہو گیا۔ مگر میں نے نہایت بری بات سمجھی کہ اس حادثہ سے الگ رہوں۔ میں ہتھیار سنبھال کر روانہ ہوا اور میرے ساتھ جو ایک لڑکا صغیر سِن (سر سید کے مرحوم بھائی کا لڑکا محمد احمد جو تنہا ان کے ساتھ رہتا تھا ضیاء الدین) تھا۔ میں نے اپنے آدمی کو وصیت کی، "میں تو مرنے جاتا ہوں، مگر جب تو میرے مرنے کی خبر سن لے، تب اس لڑکے کو کسی امن کی جگہ پہنچا دیجیو۔" مگر ہماری خوش نصیبی اور نیک نیتی کا یہ پھل ہوا کہ اس آفت سے ہم بھی اور ہمارے حکام بھی سب محفوظ رہے مگر مجھ کو ان کے ساتھ اپنی جان دینے میں کچھ دریغ نہ تھا۔" (ایضاً ص 14، 15)

کوٹھی پر جا کر سر سید کو معلوم ہوا کہ افواہ غلط ہے اور وہ کمپنی دراصل بطور بدلی مراد آباد جاتی ہے۔ (سرکشی ضلع بجنور مطبوعہ 1858ء، آگرہ، ص 7)

دوبارہ انگریزی تسلط کی پیش گوئی:

ان کے ایک دوست جو اس وقت بجنور میں موجود تھے، ان کا بیان ہے کہ عین اس بد عملی کے وقت، جبکہ تمام روہیل کھنڈ میں کوئی یورپین یا یوریشین باقی نہ تھا، سید احمد خان

ہمیشہ یہ کہا کرتے تھے کہ

"کم و بیش ایک سال بعد تمام ملک میں انگریزی تسلط قائم ہو جائے گا۔"

اور گورنمنٹ کے بے شمار خیر خواہوں میں کسی کے چہرہ سے وہ اطمینان اور استقلال ظاہر نہیں ہوتا تھا جیسا سر سید کے چہرہ سے ظاہر ہوتا تھا۔"

بغاوت کے نقصان دہ اثرات:

ان کو یقین تھا کہ 57ء کی بغاوت نے ہندوستانیوں کے اعتبار کو سو برس پیچھے ہٹا دیا ہے وہ کہتے تھے کہ

"اگر یہ واقعہ ظہور میں نہ آتا تو آج ہمارے سینکڑوں جوان والنٹیئرز ہوتے، ایکٹ اسلحہ کبھی وجود میں نہ آتا اور ہم میں سے بہت سے لوگ فوج کے کپتان اور کرنیل و جرنیل نظر آتے۔"

بجنور میں باغی قرار دئے جانے کا معیار:

بجنور میں انگریزوں کے چلے جانے کے بعد۔۔۔ بہت لڑائیاں اور خانہ جنگیاں ہوئی تھیں۔ کبھی ہندوؤں نے مسلمانوں پر حملے کئے اور کبھی مسلمانوں نے ہندوؤں پر، اور آخر کو محمود خاں سب پر غالب آگیا تھا، اس لئے کچھ ہندو رئیس نواب سے شکست کھا کر میرٹھ چلے آئے تھے اور کچھ نواب نے قید کر لئے تھے۔ پس جب انگریزی فوج رُڑکی میں پہنچ لی اور روہیل کھنڈ پر چڑھائی کرنے کو تیار ہوئی تو وہاں یہ بحث پیش آئی کہ ضلع بجنور میں جو کہ روہیل کھنڈ کا سب سے پہلا ضلع ہے اور جہاں سب سے پہلے فوج جانے والی ہے، کون لوگ باغی تصور کئے جائیں؟۔۔۔ سر سید نے مسٹر شیکسپیئر اور بعض افسرانِ فوج سے اس باب میں گفتگو کی اور کہا کہ

"سرکار کے نزدیک باغی صرف وہی لوگ قرار پانے چاہئیں جو اب سرکار سے

مقابلہ کے ساتھ پیش آئیں۔ باقی جو لڑائیاں اور فسادات رعایانے ایک دوسرے سے کئے قانون کی رُو سے ان کی نسبت سے جو کچھ تجویز ہو سو ہو مگر انکی وجہ سے کسی کو سرکار کے مقابلہ میں باغی قرار نہیں دیا جاسکتا۔ میرے نزدیک بوقت داخل ہونے سرکاری فوج کے اگر کوئی مقابلہ نہ کرے اور سب لوگ مع نواب محمود خاں کے حاضر ہو جائیں تو ضلع بجنور کے کسی شخص کو باغی قرار دینا نہیں چاہیے۔"

اس پر بہت بحث ہوئی اور آخر یہ بات قرار پاگئی کہ جو لوگ سرکاری فوج کے مقابلہ میں آئیں، وہی باغی قرار دئے جائیں لیکن بدنصیبی سے آم سوت، نجیب آباد اور نگینے پر احمد اللہ خاں اور مارے خاں وغیرہ نے خفیف خفیف مقابلے کر کے ہزاروں کو لڑائی میں قتل کرایا اور تمام ضلع کی طرف سے سرکاری افسروں کو بدظن کر دیا۔

مراد آباد کے ایک رئیس کا بچاؤ:

ایک بہت بڑا فائدہ سرسید کے مراد آباد میں ہونے سے خاص کر مسلمانوں کو یہ پہنچا کہ مولانا عالم علی مرحوم رئیس مراد آباد جو روہیل کھنڈ کے ایک مشہور عالم اور طبیب اور نامور محدث تھے، انہوں نے چند یورپین عورتوں اور بچوں کو باغیوں کے ظلم سے بچانے کے لئے اپنے مکان میں چھپالیا تھا، مگر اتفاق سے باغی سپاہیوں کو خبر ہوگئی اور انہوں نے مولوی صاحب کے مکان میں گھس کر ان سب کو قتل کر ڈالا۔ مولانا موصوف اس خیال سے کہ یہ حادثہ عظیم ان کے مکان میں گزرا تھا اور ان کا کوئی عزیز یا رشتہ دار ان مظلوموں کے ساتھ نہیں مارا گیا تھا، سرکاری تسلط کے وقت مراد آباد سے کہیں چلے گئے تھے اور حکام ضلع کو ان کی تلاش درپیش تھی، اور انکی نسبت یہ گمان تھا کہ باغیوں کے ساتھ ان کی ضرور سازش تھی ورنہ ان کے آدمی بھی مقتولوں کے ساتھ یقیناً مارے جاتے، مگر سرسید کو یہ معلوم ہو گیا تھا کہ مولوی عالم علی محض بے قصور تھے اور انہوں نے

نہایت نیک نیتی سے یورپین عورتوں اور بچوں کو اپنے گھر میں رکھا تھا۔ وہ یہ بھی جانتے تھے کہ باغیوں کو مولوی صاحب سے کوئی وجہ عداوت نہ تھی کہ وہ ان کو یا ان کے رشتے داروں کو بھی مار ڈالتے اور خود ان میں اتنی طاقت نہ تھی کہ باغی سپاہ کا مقابلہ کرتے۔ چنانچہ سرسید نے مولوی صاحب کی بریت کے لئے صاحبِ ضلع سے، باوجویکہ وہ نہایت افروختہ تھے، بڑی دلیری کے ساتھ گفتگو کی اور یہ کہا کہ

"میں مولوی عالم علی کو آپ کے سامنے حاضر کر سکتا ہوں، لیکن جب تک کہ آپ یہ وعدہ نہ کریں کہ ان سے کچھ مواخذہ نہ کیا جائے گا اس وقت تک میں ان کو بلانے کی جرات نہیں کر سکتا۔"

آخر میں صاحب ضلع نے ان سے یہ وعدہ کر لیا کہ ہم ضابطہ کی تحقیقات تو ضرور کریں گے لیکن چونکہ تمہارے نزدیک وہ بے قصور ہیں، بعد ضابطہ کی کارروائی کے ان کو بری کر دیا جائے گا۔ چنانچہ ایسا ہی ہوا کہ سرسید نے مولوی صاحب کو بلا کر عدالت میں پیش کر دیا اور ضابطہ کی کارروائی کے بعد وہ بالکل بری کر دیئے گئے۔

بابِ ہفتم: انگریزی حکومت کا قیام

انگریزوں کی ہندوستان میں آمد اور انگریزی حکومت کا استحکام:

انگریزوں کو انہوں نے نہایت شد و مد کے ساتھ رسالہ اسبابِ بغاوت میں متنبہ کیا تھا کہ ان کو ہندوستانیوں کے ساتھ دوستی اور صداقت کا برتاؤ رکھنا ضرور ہے۔ اس کے بعد ہمیشہ اپنی تحریروں اور پبلک اسپیچوں میں اس بات کی تمنا ظاہر کرتے رہے کہ ہمارے اور انگریزوں کے سوشل تعلقات برادرانہ اور دوستانہ ہونے چاہئیں، نہ حاکم محکومانہ۔ اس موقع پر ہم سر سید کی ایک مختصر اسپیچ، جو انہوں نے علی گڑھ میں ایک ڈنر پر مسٹر بلنٹ ممبر پارلیمنٹ کا جامِ صحت پروپوز کرتے وقت 1884ء میں کی تھی اور جس میں یہی تمنا خاص مسلمانوں کی طرف سے ایک لطیف پیرایہ میں ظاہر کی گئی تھی، بجنسہ نقل کرتے ہیں۔

سر سید نے کہا×

"ہم کو نہایت خوشی ہے کہ مسٹر بلنٹ نے ہمارے ملک کو دیکھا، ہماری قوم کے مختلف گروہوں سے ملے، ہم کو امید ہے کہ انہوں نے ہر جگہ ہماری قوم کو تاجِ برطانیہ کا لائل اور کوئین وکٹوریا ایمپریس آف انڈیا کا دلی خیر خواہ پایا ہو گا۔ اگر ہماری کسی آرزو سے وہ واقف ہوئے ہوں گے تو وہ صرف انگریزوں کی طرف سے سمپتھی کی خواہش ہو گی جس کی نسبت بلاشبہ میں کہوں گا کہ ہماری وہ خواہش پورے طور پر پوری نہیں ہوئی۔"

"مسلمانوں کی یہ خواہش کہ مسلمانوں میں اور انگلش نیشن میں سمپتھی قائم ہو، کوئی عجیب بات نہیں ہے۔ کبھی کوئی ایسا زمانہ نہیں گزرا کہ جو ہم مسلمانوں میں اور انگلش نیشن میں کوئی معرکہ ایسا گزرا ہو کہ ہم میں اور ان میں کوئی بنائے مخاصمت قائم ہوئی ہو، ان کو ہم سے بدلہ لینے کی رغبت ہو اور ہم کو ان کے عروجِ اقبال سے رشک و حسد ہو۔ کروسیڈ کے زمانہ میں، جو ایک زمانہ ہر قسم کی عداوتوں کے برانگیختہ ہونے کا تھا، انگلش کو بہت ہی کم ان معرکوں سے تعلق تھا۔"

"یہ بات سچ ہے کہ ہم نے ہندوستان میں کئی صدیوں تک شہنشاہی کی۔ یہ بھی سچ ہے کہ ہم اپنے باپ دادا کی شان و شوکت کو نہیں بھول سکتے، لیکن اگر یہ خیال کسی شخص کے دل میں ہو کہ ہم مسلمانوں کو انگلش نیشن کے ساتھ، اس وجہ سے کہ انہوں نے ہماری جگہ ہندوستان کی حکومت حاصل کی، کچھ رشک و حسد ہے تو وہ خیال محض بے بنیاد ہو گا۔ وہ زمانہ جس میں انگریزی حکومت ہندوستان میں قائم ہوئی، ایسا زمانہ تھا کہ بے چاری انڈیا بیوہ ہو چکی تھی، اس کو ایک شوہر کی ضرورت تھی، اس نے خود انگلش نیشن کو اپنا شوہر بنانا پسند کیا تھا تا کہ گا سپل کے عہد نامہ کے مطابق وہ دونوں مل کر ایک تن ہوں۔ مگر اس وقت اس پر کچھ کہنا ضرور نہیں ہے کہ انگلش نیشن نے اس پاک وعدہ کو کہاں تک پورا کیا۔"

"ہندوستان میں ہم نے اپنے ملک کی بھلائی کے واسطے انگلش حکومت قائم کی۔ ہندوستان میں انگلش حکومت قائم ہونے میں ہم اور وہ مثلِ قینچی کے دو پلڑوں کے شریک تھے۔ کوئی نہیں کہہ سکتا کہ ان دونوں میں کس نے زیادہ کام کیا ہے۔ پس ہم مسلمانوں کی نسبت ایسا خیال کرنا، کہ ہم انگلش حکومت کو ایک ناگواری سے دیکھتے ہیں، محض ایک خیال غلط ہو گا۔"

"انگلش نیشن ہمارے مفتوحہ علاقے میں آئی مگر مثلِ ایک دوست کے، نہ بطور ایک دشمن کے۔ ہماری خواہش ہے کہ ہندوستان میں انگلش حکومت صرف ایک زمانہ دراز تک ہی نہیں بلکہ اپنے ملک کے لئے (ہے)۔ ہماری یہ آرزو انگریزوں کی بھلائی یا ان کی خوشامد کی وجہ سے نہیں ہے بلکہ اپنے ملک کی بھلائی اور بہتری ہی کے لئے ہے۔ پس کوئی وجہ نہیں ہے کہ ہم میں اور ان میں سمپتھی نہ ہو۔ سمپتھی سے میری مراد پولیٹیکل سمپتھی نہیں ہے۔ پولیٹیکل سمپتھی تانبے کے برتن پر چاندی کے ملمع سے زیادہ کچھ وقعت نہیں رکھتی۔ اس کا اثر دونوں (فریق) کے دلوں میں کچھ نہیں ہوتا، ایک فریق جانتا ہے کہ وہ تانبے کا برتن ہے، دوسرا فریق سمجھتا ہے کہ وہ جھوٹے ملمع کی قلعی ہے۔ سمپتھی سے میری مراد برادرانہ و دوستانہ سمپتھی ہے۔"

× : سرسید کی یہ تقریر ان کے لیکچرز یا خطبات کے کسی مجموعے میں شامل نہیں، چونکہ اس تقریر کے بعض الفاظ پر سرسید اور حالی کے تبصروں کا مفہوم سمجھنا اس کے مطالعہ کے بغیر ممکن نہ تھا اس لئے اسے ملفوظات میں شامل کیا گیا ہے۔

سرسید کہتے تھے کہ

"یہ اسپیچ جب اخبار میں سر ایلفرڈ لائل لفٹننٹ گورنر کی نظر سے گزری اور اس کے بعد میں ان سے ملا تو انہوں نے فرمایا کہ تم نے یہ عجب طرح کی اسپیچ دی تھی۔ میں نے کہا شاید عجب ہو، مگر غلط نہیں تھی۔"

غالباً۔۔۔۔۔ کو اسپیچ مذکور کے اس فقرہ پر تعجب ہوا ہو گا کہ "انگلش حکومت کے قائم ہونے میں ہم اور وہ مثلِ قینچی کے دو پلڑوں کے شریک تھے۔" شاید عام لوگ سرسید کی اس تلمیح سے آگاہ نہ ہوں اس لئے اس کا جو مطلب ہم سمجھے ہیں اس کو مختصر طور

پر بیان کرتے ہیں۔ غالباً سرسید نے اس فقرہ میں ہندوستان کے ان تاریخی واقعات کی طرف اشارہ کیا ہے جن سے ثابت ہوتا ہے کہ ممالکِ ہندوستان کی ابتدائی انگریزی فتوحات اور سرکار کمپنی کے رعب و داب اور اس کی پالیسی کو مسلمان امیروں اور حکمرانوں کی تائید اور آشتی سے بہت مدد ملی ہے، جیسے پلاسی کی لڑائی میں میر جعفر کا بمقابلہ سراج الدولہ کے لارڈ کلائیو کا ساتھ دینا، شاہِ عالم کا مرہٹوں کے مقابلہ کے وقت اپنے تئیں لارڈ لیک کی حفاظت میں سپرد کر دینا اور نظام حیدر آباد کا لارڈ ولزلی کی صلاح ماننا اور تمام فرانسیسیوں کی فوج کو اپنی قلمرو سے یک قلم موقوف کرنا وغیرہ وغیرہ۔

ان کی نہایت پختہ رائے تھی کہ ہندوستان کے لئے انگلش گورنمنٹ سے بہتر، گو کہ اس میں کچھ نقص بھی ہوں، کوئی گورنمنٹ نہیں ہو سکتی۔ اور اگر امن و امان کے ساتھ ہندوستان کچھ ترقی کر سکتا ہے تو انگلش گورنمنٹ ہی کے ماتحت رہ کر کر سکتا ہے۔ وہ اکثر کہا کرتے تھے کہ:

"گو ہندوستان کی حکومت کرنے میں انگریزوں کو متعدد لڑائیاں لڑنی پڑی ہوں مگر درحقیقت نہ انہوں نے یہاں کی حکومت بزور حاصل کی اور نہ مکر و فریب سے، بلکہ درحقیقت ہندوستان کو کسی حاکم کی اس کے اصلی معنوں میں ضرورت تھی، سو اسی ضرورت نے ہندوستان کو ان کا محکوم بنا دیا۔"

انہوں نے کئی موقعوں پر یہ ظاہر کیا ہے کہ:

"میں ہندوستان میں انگلش گورنمنٹ کا استحکام کچھ انگریزوں کی محبت اور ان کی ہوا خواہی کی نظر سے نہیں چاہتا بلکہ صرف اس لئے چاہتا ہوں کہ ہندوستان کے مسلمانوں کی خیر اس کے استحکام میں سمجھتا ہوں اور میرے نزدیک اگر وہ اپنی حالت سے نکل سکتے ہیں تو انگلش گورنمنٹ ہی کی بدولت نکل سکتے ہیں۔"

انگریز افسروں سے جھگڑا اور معافی:

۔۔۔ سرسید ایک ایسی جُرأت کر بیٹھے جس کی بدولت آخرکار ان کو گورنمنٹ سے معافی مانگنی پڑی۔ فروری 67ء میں جبکہ ڈریمنڈ صاحب اضلاع شمال مغرب میں لفٹیننٹ گورنر تھے، آگرہ میں ایک بڑی نمائش ہوئی تھی اور سرسید بھی منتظم کمیٹی کے ایک ممبر تھے۔ اس کمیٹی میں ان کے سوا اور بھی چند معزز ہندوستانی انگریزوں کے ساتھ شامل تھے اور تمام ممبروں کو یکساں اختیار دئے گئے تھے، کسی طرح کا تفاوت انگریزوں اور ہندوستانی ممبروں میں نہ تھا۔ نمائش کی اخیر تاریخ دربار کے لئے مقرر تھی اور دربار کا انتظام مسٹر پالک کلکٹر ضلع آگرہ کے سپرد تھا۔ صاحبِ موصوف نے نمائش گاہ کے قریب ایک میدان میں درباریوں کے لئے کُرسیاں اس طرح بچھوائیں کہ جو مقام کسی قدر بلند تھا، کرسیوں کی ایک لائن تو اس مقام پر لگائی اور اس پر ایک شامیانہ بھی، جس سے دھوپ کی روک ہو، کھچوادیا اور دوسری لائن اسی کے متوازی مگر اس سے ذرا نیچی جگہ پر لگوائی جس پر شامیانہ وغیرہ کچھ نہ تھا۔ سرسید نے اکثر ہندوستانی درباریوں کو اس بات کا یقین دلایا تھا کہ اس موقع پر گورنمنٹ کو یہ منظور ہے کہ انگریزوں اور ہندوستانیوں میں کچھ تمیز نہ رکھی جائے، اور سب کے ساتھ یکساں برتاؤ کیا جائے۔

درباریوں میں سے ایک معزز ہندوستانی شائد دربار سے ایک دن پہلے چلتے پھرتے دربار کے میدان کی طرف جانکلے اور اتفاق سے اُوپر کی لائن میں ایک کُرسی پر بیٹھ گئے۔ ایک بابُو نے آکر ان کو وہاں سے اُٹھادیا اور کہا کہ، "آپ کے واسطے نیچے کی لائن لگائی گئی ہے۔" وہ وہاں سے سیدھے سرسید کے پاس آئے اور حال بیان کیا اور یہ کہا کہ، "آپ کا خیال انگریزوں اور ہندوستانیوں کی مساوات کے باب میں صحیح نہ تھا۔" سرسید کو نہایت تعجب اور اس کے ساتھ سخت ندامت ہوئی کہ جو کچھ لوگوں کو یقین دلایا گیا وہ غلط ہو گیا

یہ (سر سید) اسی وقت دربار کے میدان میں پہنچے اور قصداً اُوپر کی لائن میں ایک کُرسی پر جا بیٹھے۔ بابو نے آکر ان کو بھی ٹوکا۔ یہ وہاں سے اُٹھ کھڑے ہوئے اور مسٹر جیمس سمسن سیکرٹری گورنمنٹ سے، جو وہیں دربار کے ٹکٹ بانٹ رہے تھے، سارا حال بیان کیا، انہوں نے بھی اس امر کو ناپسند کیا اور سر سید سے کہا کہ آپ اس کا ذکر مسٹر پالک سے کریں۔ اتنے ہی میں مسٹر تھارن ہل صدر بورڈ کے حاکمِ اعلیٰ وہیں چلے آئے، جب اُن کو یہ قصہ معلوم ہوا تو وہ سر سید پر نہایت افروختہ ہوئے اور کہا کہ تم لوگوں نے غدر میں کون سی بُرائی تھی جو ہمارے ساتھ نہیں کی؟ اب تم یہ چاہتے ہو کہ ہمارے اور ہماری عورتوں کے ساتھ پہلو بہ پہلو دربار میں بیٹھو؟

سر سید نے کہا

"اسی سبب سے تو یہ ساری خرابیاں پیدا ہوئیں کہ آپ لوگ ہندوستانیوں کو ذلیل سمجھتے رہے، اگر ان کو اس طرح ذلیل نہ سمجھا جاتا تو کیوں یہاں تک نوبت پہنچتی۔"

تھارن ہل صاحب اور زیادہ برہم ہوئے۔ آخر مسٹر جیمس سمسن نے سر سید کو سمجھایا کہ اس گفتگو سے کچھ فائدہ نہیں۔ سر سید وہاں سے اپنے ڈیرے میں چلے آئے اور دربار میں شریک نہیں ہوئے۔

لیکن یہ خبر لیفٹننٹ گورنر کو پہنچی تو انہوں نے بھی دربار کی ترتیب اور انتظام کو ناپسند کیا اور حکم دیا کہ اس وقت زیادہ تبدیلی تو نہیں ہو سکتی لیکن ہر ضلع اور قسمت کے حکام کو چاہیے کہ اپنے اپنے ضلع اور قسمت کے ہندوستانی رئیسوں اور افسروں کے ساتھ نیچے کی لائن میں بیٹھیں۔

دربار کے بعد جو یورپین افسر سر سید سے ملتا تھا، اس واقعہ کو پوچھتا تھا اور جب وہ بیان کرتے تھے تو بگڑتا تھا۔ لاچار انہوں نے وہاں زیادہ ٹھہرنا مناسب نہ سمجھا اور رات کو

وہاں سے سوار ہو کر علی گڑھ چلے آئے

مگر چند روز بعد لوکل گورنمنٹ کے سیکرٹری کی چٹھی سر سید کے نام پہنچی، جس میں ان سے اس بات کا جواب طلب کیا گیا تھا کہ تم دربار میں کیوں نہیں شریک ہوئے اور بلا اجازت کس لئے علی گڑھ چلے گئے؟

سر سید نے آگرہ سے بلا اجازت چلے آنے کا سبب لکھ بھیجا اور دربار میں شریک نہ ہونے کی معافی چاہی۔ اس کے بعد پھر وہاں سے کچھ باز پُرس نہیں ہوئی مگر اس نمائش سے پہلے جو لارڈ لارنس مرحوم وائسرائے و گورنر جنرل نے آگرہ میں دربار کیا تھا، وہاں سر سید کو ایک طلائی تمغہ دئے جانے کا حکم تھا اور تمغہ اب تیار ہوا تھا۔ چُونکہ سر سید دربار میں شریک نہیں ہوئے تھے اس لئے نواب لفٹیننٹ گورنر نے وہ تمغہ صاحب کمشنر قسمت میرٹھ کو دے دیا تاکہ وہ میرٹھ جاتے ہوئے علی گڑھ میں سر سید کو اپنے ہاتھ سے تمغہ پہناتے جائیں۔ صاحبِ کمشنر جب علی گڑھ کے ریلوے اسٹیشن پر پہنچے تو سر سید حسب الحکم وہاں موجود تھے۔ ان کو ایک طرف لے جا کر بسبب اس رنجش کے جو تھارن ہل صاحب سے انہوں نے سخت گفتگو کی تھی، یہ کہا کہ، "اگر چہ میں تم کو اپنے ہاتھ سے تمغہ پہنانا پسند نہیں کرتا لیکن گورنمنٹ کے حکم سے مجبور ہوں۔" یہ کہہ کر سر سید کو تمغہ پہنانا چاہا، سر سید نے یہ کہہ کر کہ

"میں بھی گورنمنٹ کے حکم سے مجبور ہوں۔"

اُن کے آگے سر جھکا دیا اور تمغہ پہن کر چلے آئے۔

انگریز جج کی نجی معاملات میں مخالفت:

سر سید کا برتاؤ افسروں کے ساتھ ابتداء سے اخیر تک نہایت آزادانہ رہا۔ وہ اپنے افسروں کا ادب اور تعظیم اور کارِ سرکار میں ان کی اطاعت، جیسی کہ چاہیے، ہمیشہ کرتے

تھے مگر ان کا بے جا دباؤ بھی نہیں مانا اور بے موقع کبھی ان کی ہاں میں ہاں نہیں ملائی۔

غدر سے بہت پہلے، جبکہ دلی میں جان پاٹن گبنس سیشن جج اور سر سید منصف تھے، قسمتِ دہلی کے دو جاگیر دار بھائیوں میں، جن میں سے ایک سر سید کا گہرا دوست تھا، جاگیر کی بابت سخت نزاع تھا اور ان کا جھگڑا گورنمنٹ میں پیش تھا۔ دوسرے بھائی نے جج صاحب سے شکایت کی کہ میرے بھائی کو سید احمد خاں بہکاتا اور ہر قسم کی مدد دیتا ہے، اس کو آپ سمجھا دیں کہ جب تک ہمارا جھگڑا عدالت سے طے نہ ہو جائے وہ میرے چھوٹے بھائی سے ملنا چھوڑ دے۔"

جان پاٹن گبنس کے طنطنے اور رعب داب کی تمام قسمت میں دھاک تھی اور اُن کے کسی ماتحت کی یہ مجال نہ تھی کہ اُن کا کہنا نہ مانے۔ انہوں نے ایک روز سر سید کو بلا کر سمجھایا کہ جب تک یہ نزاع رفع نہ ہو، تم اپنے دوست سے ملنا چھوڑ دو، سر سید نے صاف کہہ دیا کہ

"میں بے شک آپ کا ماتحت ہوں، سرکاری معاملات میں جو کچھ آپ ہدایت کریں گے اس کی بسر و چشم تعمیل کروں گا مگر میرے ذاتی تعلقات میں آپ کو دخل دینا نہیں چاہئے۔ اگر آپ کہیں کہ تم چند روز کو اپنی ماں اور بہن سے ملنا چھوڑ دو تو میں کیونکر آپ کے حکم کی تعمیل کر سکتا ہوں۔"

اگرچہ انگریزوں میں ہندوستان کی آب و ہوا تحکم اور خوشامد پسندی پیدا کر دیتی ہے مگر چُونکہ آزادی انکی گھُٹی میں پڑی ہوئی ہوتی ہے، وہ ایسے آزاد شخصوں کی آخر کار قدر کرنے لگتے ہیں اور بر خلاف عام اشخاص کے ان کے ساتھ خاص قسم کا برتاؤ برتتے ہیں۔ جب صاحب جج نے یہ معقول عذر سنا پھر کبھی ان پر ایسا بے جا دباؤ نہیں ڈالا۔

کمشنر کی رسمِ افتتاح میں شرکت کی ناواجب شرط:

ایک معاملہ ولیم صاحب کمشنر میرٹھ کے ساتھ گزرا۔ جب سائنٹیفک سوسائٹی علی گڑھ کا مکان بن کر تیار ہوا تو صاحب ممدوح کو اس کے افتتاح کی رسم ادا کرنے کے لئے بلایا گیا تھا۔ ان کے دل میں عنایت اللہ خاں مرحوم رئیسِ بھیکن پور ضلع علی گڑھ کی طرف سے ایامِ غدر کے متعلق کچھ شبہات تھے، اس لئے وہ افتتاح کی رسم میں ان کا شریک ہونا نہیں چاہتے تھے۔ انہوں نے سرسید سے کہا کہ اس جلسہ میں اگر عنایت اللہ خاں شریک ہوں گے تو ہم نہیں آنے کے۔"

سرسید نے کہا:

"یہ کیونکر ہو سکتا ہے کہ جس شخص نے نہایت فیاضی سے سوسائٹی کی امداد کی ہے اور جو اس کا پریذیڈنٹ بھی ہے، اس کو شریک نہ کیا جائے۔"

انہوں نے ہرگز اس بات کو گوارا نہ کیا کہ عنایت اللہ خاں مرحوم کی عدم موجودگی میں افتتاح کی رسم ادا کی جائے۔ آخر مسٹر بریلی نے، جو علی گڑھ میں سیشن جج تھے اور سوسائٹی کے بڑے معاون اور سرسید کے دوست تھے، بڑی مشکل سے صاحبِ کمشنر کو راضی کیا اور ان کو عنایت اللہ خاں کی موجودگی میں یہ رسم ادا کرنی پڑی۔

سرسید کا اس باب میں اصرار کرنا زیادہ تر اس وجہ سے تھا کہ اُن کے نزدیک صاحبِ کمشنر کے شبہات محض بے اصل تھے اور وہ خود عنایت اللہ خاں کو ہر ایک الزام سے پاک صاف جانتے تھے۔

بابِ ہشتم: تعلیمی سرگرمیاں

مسلمانوں کی بھلائی کی فکر:

۔۔۔ بمقام بنارس " کمیٹی خواستگار ترقی تعلیم مسلمانان ہندوستان " منعقد ہو گئی جس کے سیکرٹری سر سید قرار پائے۔ اس کمیٹی کا کام یہ تھا کہ وہ جہاں تک ہو سکے اس بات کے دریافت کرنے میں کوشش کرے کہ سرکاری کالجوں اور اسکولوں میں مسلمان طالبِ علم کس لئے کم پڑھتے ہیں، علومِ قدیمہ ان میں کیوں گھٹ گئے اور علومِ جدیدہ ان میں کیوں نہیں رواج پاتے، اور جب یہ موانع ٹھیک دریافت ہو جائیں تو ان کے رفع کرنے کی تدبیریں دریافت کرے اور ان تدبیروں پر عمل درآمد کرنے میں کوشش کرے۔

نواب محسن الملک کا بیان ہے کہ، " جس تاریخ کو کمیٹی مذکور کے انعقاد کے لئے جلسہ قرار پایا تھا اس سے ایک روز پہلے میں بنارس میں پہنچ گیا تھا۔ رات کو سر سید نے میرا پلنگ بھی اپنے ہی کمرے میں بچھوایا تھا۔ گیارہ بجے تک مسلمانوں کی تعلیم کے متعلق باتیں ہوتی رہیں، اس کے بعد میری آنکھ لگ گئی۔ دو بجے کے قریب میری آنکھ کھلی تو میں نے سر سید کو ان کے پلنگ پر نہ پایا۔ میں اُن کے دیکھنے کو کمرے سے باہر نکلا، دیکھتا کیا ہوں کہ برآمدے میں ٹہل رہے ہیں اور زار و قطار روتے جاتے ہیں، میں نے گھبرا کر پوچھا کہ کیا خدانخواستہ کہیں سے کوئی افسوسناک خبر آئی ہے؟ یہ سن کر اور زیادہ رونے لگے اور کہا کہ: " اس سے زیادہ اور کیا مُصیبت ہو سکتی ہے کہ مسلمان بگڑ گئے، اور بگڑتے جاتے

ہیں، اور کوئی صورت ان کی بھلائی کی نظر نہیں آتی۔"

پھر آپ ہی کہنے لگے کہ:

"جو جلسہ کل ہونے والا ہے، مجھے امید نہیں کہ اس سے کوئی عمدہ نتیجہ پیدا ہو۔ ساری رات اُدھیڑ بن میں گزر گئی ہے کہ دیکھیے، کل کے جلسے کا انجام کیا ہوتا ہے اور کسی کے کان پر جُوں چلتی ہے یا نہیں۔"

نواب محسن الملک کہتے ہیں کہ سر سید کی یہ حالت دیکھ کر جو کیفیت میرے دل پر گزری اس کو بیان نہیں کر سکتا اور جو عظمت اس شخص کی اس دن سے میرے دل میں بیٹھی ہوئی ہے اس کو میں ہی خوب جانتا ہوں۔"

مدرسہ کے لئے دوروں کے اخراجات:

مدرسہ کے لئے انہوں نے بڑے بڑے لمبے سفر کئے۔۔۔ ہزارہا روپیہ ان سفروں میں ان کا صرف ہوا۔ اگرچہ ان کے دوست اور رفیق بھی، جو ان کے ہمراہ جاتے تھے، اپنا اپنا خرچ اپنی گرہ سے اُٹھاتے تھے لیکن وہ اکثر بدلتے رہتے تھے اور سر سید کا ہر سفر میں ہونا ضروری تھا۔ اس کے سوا ہمیشہ ریزروڈ گاڑیوں میں سفر ہوتا تھا اور جس قدر سواریاں کم ہوتی تھیں اُن کی کمی زیادہ تر سر سید کو پوری کرنی پڑتی تھی۔ ایک بار اُن کے ایک دوست نے اُن سے کہا کہ آپ راجپُوتانہ کا بھی ایک بار دورہ کیجئے۔" سر سید نے کہا، " روپیہ نہیں ہے۔" اُن کے منہ سے نکلا کہ جب آپ کالج کے واسطے سفر کرتے ہیں تو آپ کا سفر خرچ کمیٹی کو دینا چاہئے۔" سر سید نے کہا:

"میں اس بات کو ہرگز گوارہ نہیں کر سکتا۔ مدرسہ چلے یا نہ چلے مگر میں اسی حالت میں مدرسہ کے لئے سفر کر سکتا ہوں جب سفر کے کل اخراجات اپنے پاس سے اُٹھا سکوں۔"

کالج کا قیام، قومی احساسات کی ترجمانی:

74ء میں جبکہ سرسید پہلی بار چندہ کے لئے لاہور گئے ہیں اس وقت انہوں نے راقم کے سامنے بابو نوین چندر سے ایک سوال کے جواب میں یہ کہا تھا کہ:

"صرف اس خیال سے کہ یہ کالج خاص مسلمانوں کے لئے ان ہی کے رُوپے سے قائم کیا جاتا ہے، ایک تو مسلمانوں میں اور دوسری طرف ان کی ریس سے ہندوؤں میں توقع سے زیادہ جوش پیدا ہو گیا ہے۔"

اور پھر خان بہادر برکت علی خاں سے پُوچھا کہ:

"کیوں حضرت اگر یہ قومی کالج نہ ہوتا تو آپ ہماری مدارات اسی جوشِ محبت کے ساتھ کرتے؟"

انہوں نے صاف کہہ دیا کہ، "ہرگز نہیں۔"

اس سے صاف ظاہر ہے کہ سرسید اپنے کام کے شروع ہی میں اس قومی فیلنگ سے بخوبی واقف تھے۔

کالج فاؤنڈرز ڈے کے بجائے فاؤنڈیشن ڈے:

ایک دفعہ کالج کے بعض یورپین پروفیسروں نے یہ تحریک کی کہ یہاں بھی ولایت کے کالجوں کی طرح فاؤنڈرز ڈے (یعنی بانی مدرسہ کی سالگرہ کا دن) بطور ایک خوشی کے دن کے قرار دیا جائے جس میں ہر سال کالج کے ہواخواہ اور دوست اور طالبعلم جمع ہو کر ایک جگہ کھانا کھایا کریں اور کچھ تماشے تفریح کے طور پر کیے جایا کریں۔ سرسید نے اس کو بھی منظور نہیں کیا اور یہ کہا کہ:

"ہمارے ملک کی حالت انگلستان کی حالت سے بالکل جداگانہ ہے۔ وہاں ایک ایک شخص لاکھوں کروڑوں روپیہ اپنے پاس سے دے کر کالج قائم کر دیتا ہے اور یہاں سِوا اس

کے کہ ہزاروں لاکھوں آدمیوں سے کہ چندہ جمع کر کے کالج قائم کیا جائے اور کوئی صُورت ممکن نہیں۔ پس کوئی وجہ نہیں کہ جو کالج قوم کے روپیہ سے قائم ہو اُس کے کسی خاص بانی کے نام پر ایسی رسم ادا کی جائے، اس لئے میرے نزدیک بجائے فاؤنڈرز ڈے کے فاؤنڈیشن ڈے (کالج کی سالگرہ کا دن) مقرر ہونا چاہیے۔"

چنانچہ اسی تجویز کے موافق کئی سال تک یہ رسم ادا کی گئی۔

ڈپٹی نذیر احمد کے چندوں کی قدر:

شمس العلماء مولانا نذیر احمد کی نسبت ایک ناواقف آدمی نے ان کے سامنے بطور شکایت کے کہا کہ باوجود اس قدر مقدور ہونے کے انہوں نے قومی تعلیم میں کچھ مدد نہیں دی۔ سرسید نے بدمزہ ہو کر اُن کے چندوں کی تفصیل بیان کی جو وہ ابتداء سے مدرسہ میں دیتے رہے ہیں اور جو مقبولیت اور رونق ان کے لیکچروں سے ایجوکیشنل کانفرنس کو ہوئی، اس کا ذکر کر کے کہا کہ:

"یہ شخص ہماری قوم کے لئے باعثِ فخر ہے، اس کی نسبت پھر ایسا لفظ زبان سے نہ نکالنا۔"

مدرسہ کے علاوہ دیگر رفاہی کاموں میں کوشش کرنے سے انکار:

سرسید نے مدرسہ کی خاطر اس بات کو بھی اپنے اُوپر لازم کر لیا تھا کہ کوئی سعی اور کوشش کسی ایسے کام میں صرف نہ کی جائے جو مدرسۃ العلوم سے کچھ علاقہ نہ رکھتا ہو۔۔۔ سرسید کے ایک معزز ہم وطن نے ایک رفاہِ عام کے کام میں ان کو شریک کرنا اور اپنی کمیٹی کا ممبر بنانا چاہا۔ انہوں نے صاف کہہ دیا کہ:

"میں صلاح و مشورے سے مدد دینے کو آمادہ ہوں لیکن چندہ نہ خود دوں گا اور نہ اوروں سے دلوانے میں کوشش کروں گا، اگر اس شرط پر ممبر بنانا ہو تو مجھ کو ممبری سے

کچھ انکار نہیں۔"

قومی بھلائی کے لئے لاٹری کا جواز:

صیغہ تعمیرات کے سوا کالج کے اور اخراجات کے لئے سر سید نے نئے نئے طریقوں سے رُوپیہ وصُول کیا جس کو سن کر لوگ تعجب کریں گے۔ ایک دفع تیس ہزار کی لاٹری ڈالی۔ ہر چند مسلمانوں کی طرف سے سخت مخالفت ہوئی، مگر سر سید نے کچھ پروانہ کی اور بعد تقسیم انعامات کے بیس ہزار کے قریب بچ رہا۔

لطیفہ: جن دنوں میں لاٹری کی تجویز در پیش تھی، دو رئیس سر سید کے پاس آئے اور لاٹری کے ناجائز ہونے کی گفتگو شروع کی۔ سر سید نے کہا:

" جہاں ہم اپنی ذات کے لئے ہزاروں ناجائز کام کرتے ہیں وہاں قوم کی بھلائی کے لئے بھی ایک ناجائز کام سہی۔"

پینی ریڈنگ تھیٹر کی اسٹیج پر:

چندہ وصول کرنے کے موقع پر انہوں نے کبھی اس بات کا خیال نہیں کیا کہ میں کون ہون اور کس طرح مانگتا ہوں؟ نمائش گاہِ علی گڑھ میں انہوں نے کتابوں کی دکان لگائی اور خود کتابیں بیچنے کے لئے دوکان پر بیٹھے۔ نیشنل والنٹیئر بن کر گلے میں جھولی ڈالی۔ پینی ریڈنگ کا جلسہ اس لئے قرار دیا گیا تھا کہ غریب طالب علموں کے وظیفہ کے لئے کچھ سرمایہ جمع کیا جائے۔ جب اس جلسہ کی تجویز ٹھہری تو دوستوں نے منع کیا کہ ایسا ہرگز نہ کیجئے گا، لوگ مطعون کریں گے اور تماشے والا کہیں گے، اخباروں میں ہنسی اُڑائی جائے گی ، سر سید نے کہا: " اگر میں لوگوں کے کہنے کا خیال کرتا تو جو کچھ اب تک کیا ہے، اس میں سے کچھ بھی نہ کر سکتا۔ لوگوں کے کہنے کا کچھ خیال نہ کرو، بلکہ یہ دیکھو کہ اس سے درحقیقت قوم کو فائدہ پہنچے گا یا نہیں۔"

نوکروں کا انعام چندے میں:

مارچ 97ء میں جبکہ سر شیر محمد خاں بہادر رئیس یاسن پور کالج کے ملاحظہ کو علی گڑھ میں آئے اور ٹرسٹیوں کی طرف سے سر سید نے اُن کو ایڈریس دیا، اس وقت کالج کی خیر خواہی کے جوش میں سر سید نے ایک ایسا کام کیا جس کو سن کر ہر شخص تعجب کرے گا۔ رئیسِ ممدوح نے چلتے وقت پچاس روپیہ سر سید کے پوتے سید مسعود کو اور پچاس محمد بشیر کو، جو نواب محسن الملک کا عزیز ہے اور پچاس پچاس روپے دونوں صاحبوں کے ملازموں کو علاوہ پانچ سو روپیہ چندہ کالج کے دئے تھے۔ دونوں بچوں نے تو خوشی سے کہہ دیا کہ ہم دونوں کے سو روپے کالج کی مسجد کی تعمیر میں صرف کئے جائیں" مگر سر سید نے نوکروں کا روپیہ بھی لینا چاہا۔ نواب محسن الملک نے تو اپنے نوکروں کے انعام کو اُن سے لینا ہرگز پسند نہ کیا اور پچاس روپے انہی کو دے دئے مگر سر سید نے حجتِ شرعی تمام کرنے کو نوکروں سے کہا کہ:

"اگر تم کو ہماری نوکری منظور ہے تو جو انعام نواب صاحب نے تم کو دیا ہے وہ کالج میں دے دو، ورنہ ابھی اپنا حساب کر لو۔"

وہ بے چارے نوکری کیونکر چھوڑ سکتے تھے، انہوں نے مجبوراً پچاس روپے دے دئے اور سر سید نے بے تکلف ان سے رُوپیہ لے کر کالج فنڈ میں جمع کر لیا۔

ہنسی مذاق میں زبردستی وصولی:

چندہ کے علاوہ جب کبھی ان کو دوستوں سے کچھ اُچک لینے کا موقع ملا، انہوں نے اس موقع کو ہاتھ سے نہیں جانے دیا، وہ ہمیشہ کہا کرتے تھے کہ:

"خانہ دوستاں بروب و درِ دشمناں مکوب"

"ایک روز مسٹر تھیوڈور بک × کے والد جو، سیاحت کے لئے ہندوستان میں آئے

ہوئے تھے، ایک خاص سکہ کی اشرفی دوستانہ طور پر مولوی زین العابدین کو دینی چاہتے تھے اور وہ اُس کے لینے سے انکار کرتے تھے۔ آخر دونوں صاحب سر سید کے پاس آئے اور واقعہ بیان کیا۔ سرسید نے بہت بدمزہ ہو کر کہا کہ:

"دوستوں کے ہدیہ کو رد کرنا نہایت بد اخلاقی کی بات ہے۔"

انہوں نے وہ اشرفی لے لی، سرسید نے کہا:

"دیکھوں کس سکہ کی اشرفی ہے؟"

اور اُن سے لے کر مدرسہ کے کھاتہ میں جمع کر دی۔

اسی طرح ایک دن سید محمود نے قاضی رضا حسین مرحوم سے کسی بات پر پچاس روپیہ کی شرط باندھی اور یہ ٹھہرا کہ جو ہارے، پچاس روپیہ مدرسہ میں دے۔ اتفاق سے سید محمود ہار گئے، وہ سو رُوپیہ کا نوٹ لے کر آئے اور قاضی صاحب سے کہا کہ

"پچاس روپیہ دیجیئے اور نوٹ لیجئے۔"

انہوں نے کہا کہ

"وہ تو ہنسی کی بات تھی، کیسی شرط اور کیسا روپیہ؟ دوسرے شرط بدنا جائز بھی نہیں ہے۔"

سر سید بھی وہیں موجود تھے۔ جب انہوں نے دیکھا کہ روپیہ مدرسہ میں آتا ہے، فرمایا کہ:

"جس شرط میں اپنا فائدہ ملحوظ نہ ہو وہ جائز ہے۔"

اور فوراً بکس میں سے پچاس رُوپے نکال کر سید محمود کو دے دئے اور نوٹ لے لیا۔

ایک بار مدرسہ کے کسی کام کے لئے چندہ کھولا گیا۔ سرسید نے اپنے قدیم دوست مولوی سید زین العابدین خاں سے چندہ کا تقاضا کیا۔ انہوں نے بدمزہ ہو کر کہا "صاحب، ہم تو

چندہ دیتے دیتے تھک گئے۔"

سرسید نے کہا:

"ارے میاں! اب کوئی دن میں ہم مر جائیں گے، پھر کون تم سے چندہ مانگے گا۔"

یہ الفاظ کچھ ایسے طور پر کہے گئے کہ دونوں آبدیدہ ہوگئے اور چندہ فوراادا کیا گیا۔

انگریزوں سے چندہ کی درخواست:

دوستوں کے علاوہ اجنبی اور انجان آدمی، جن سے کچھ وصول ہونے کی امید ہوتی تھی، شاید پہلی ایک آدھ ملاقات میں ان کی باری نہ آتی ہو، ورنہ اکثر صاحبِ سلامت ہوتے ہی سوال ڈالا جاتا تھا اور اس میں کچھ مسلمان ہونے ہی کی خصوصیت نہ تھی، بلکہ انگریزوں سے بھی بعض اوقات یہی برتاؤ ہوتا تھا۔ ایک بار سرسید نے ایک محض اجنبی مسافر انگریز سے، جو ڈاک بنگلہ میں ٹھہرا تھا، چندہ طلب کیا اس نے بہت روکھے پن سے یہ جواب دیا کہ

"آپ کو اس کام کے لئے صرف اپنی قوم سے مانگنا چاہئے۔"

سرسید نے کہا:

"بے شک ہم کو قوم کی پست ہمتی سے غیروں کے سامنے ہاتھ پسارنا پڑتا ہے مگر یاد رکھنا چاہئے کہ اگر یہ انسٹی ٹیوشن بغیر انگریزوں کی اعانت کے قائم ہو گیا تو انگریزوں کے لئے کوئی ذلت کی بات اس سے زیادہ نہ ہو گی کہ وہ باوجودیکہ ہندوستان کی حکومت سے بے انتہا فائدہ اُٹھاتے ہیں مگر ہندوستانیوں کی بھلائی کے کاموں میں مطلق شریک نہیں ہوتے۔"

وہ انگریز سن کر شرمندہ ہوا اور اُسی وقت ایک نوٹ بیس روپے کا سرسید کی نذر کیا۔

بابِ نہم: مخالفت

انگریزوں کے ساتھ کھانے پر عام رد عمل:

سرسید نے انگریزوں کے ساتھ کھانے پینے کا پرہیز چھوڑ دیا تھا۔ وہ کہتے تھے کہ:

" بجنور فتح ہونے کے بعد میں اور مسٹر پامر مجسٹریٹ ضلع بجنور، نجیب آباد سے بجنور کو آتے تھے۔ راستہ میں ایک جگہ ہم دونوں اُترے اور ایک درخت کے نیچے بیٹھ گئے۔ مسٹر پامر نے مجھ سے پُوچھا کہ

"چائے پیو گے؟

میں نے کہا کہ یہاں چائے کہاں؟ انہوں نے کہا

"ہمارے ساتھ بنی ہوئی بوتل میں موجود ہے"

میں نے کہا،

"بہت بہتر"

غرض کہ ہم نے چائے پی اور ایک آدھ توس کھایا۔ وہاں سے چل کر نگینے میں مقام ہوا۔ عصر کے وقت سب لوگ جماعت سے نماز پڑھ رہے تھے۔ میں بھی جا کر جماعت میں شریک ہو گیا۔ نماز کے بعد لوگوں نے مولوی قادر علی تحصیل دار سے، جو نماز میں شریک تھے، پوچھا کہ صدر امین نے تو انگریز کے ہاں کی بنی ہوئی چائے پی ہے اور توس کھائے ہیں، پھر یہ نماز میں کیونکر شریک ہوئے؟ جب مجھے معلوم ہوا تو میں نے ان کو

سمجھایا کہ قرآن کی رُو سے انگریزوں کے ہاں کا کھانا اور ان کے ساتھ کھانا درست ہے۔ ان لوگوں نے میری اس روز کی تقریر کو نہایت تعجب سے سنا، پھر ایک روز بجنور میں رات کو مسٹر پامر کے ہاں جانے کا اتفاق ہوا، وہ کھانے پر جانے والے تھے انہوں نے کہا کہ تم بھی یہیں کھانا کھا لو۔" اور خانساماں کو اشارہ کیا کہ میرے سامنے بھی رکابی لگا دے۔ خانساماں کو اس بات سے ایسا تعجب ہوا کہ کئی دفعہ اشارہ کرنے پر بھی نہ سمجھا کہ آج ایک مسلمان انگریز کے ساتھ کھانا کھائے گا۔"

پھر لندن جانے پہلے جب انہوں نے ایک رسالہ احکامِ طعامِ اہلِ کتاب پر لکھ کر شایع کیا تو عموماً ان کو کرسٹان کا خطاب × دیا گیا اور جا بجا اس کے چرچے ہونے لگے۔ جب ولایت کے سفر میں چند روز باقی رہ گئے تو انہوں نے اس خیال سے کہ انگریزی طریقہ پر کھانا کھانے سے بخوبی واقفیت ہو جائے، یہ معمول باندھ لیا تھا کہ مسٹر سماتیہ جو بنارس میں ایک سوداگر تھے اور سر سید کی کوٹھی سے ان کی کوٹھی ملی ہوئی تھی، ایک دن یہ شام کا کھانا ان کے گھر پر جا کر کھاتے تھے اور ایک دن وہ ان کے گھر پر آکر کھاتے تھے۔ سر سید کہتے تھے کہ:

اتفاق سے ان ہی دنوں میں مولوی سید مہدی علی خان مرزا پور سے بنارس میں مجھ سے ملنے کو آئے۔ رات کا وقت تھا اور میرے ہاں کھانے کی باری تھی، ہم دونوں میز پر بیٹھے کھانا کھا رہے تھے کہ مہدی علی آ پہنچے۔ یہ پہلی دفعہ تھی کہ مولوی مہدی علی نے ایک مسلمان کو اس طرح ایک انگریز کے ساتھ کھانا کھاتے دیکھا تھا۔ سخت نفرت ہوئی اور باوجود میرے ہاں مہمان ہونے کے کھانا نہ کھایا اور کہا کہ میں کھا چکا ہوں۔"

صبح کو مجھے معلوم ہوا کہ انہوں نے اس وجہ سے کھانا نہیں کھایا۔ میں نے کہا کہ اگر آپ کو یہ طریقہ ناپسند ہو تو دوسرا بندوبست کیا جائے؟" انہوں نے سوچا کہ شرعاً تو ممنوع

نہیں ہے، صرف عادت کے خلاف دیکھنے سے نفرت ہوئی ہے، آخر قبول کر لیا اور سب سے پہلی دفعہ دن کا کھانا میرے ساتھ میز پر کھایا۔ دن تو اس طرح گزر گیا مگر رات کو یہ مشکل پیش آئی کہ رات کا کھانا مسٹر سماتیہ کے ہاں تھا۔ میں نے ان سے پوچھا کہ اگر آپ کو وہاں کھانے میں تامل ہو تو یہاں انتظام کیا جائے؟" انہوں نے پھر اسی خیال سے کہ شرعاً ممنوع نہیں، اقرار کر لیا کہ میں بھی وہیں کھالوں گا، چنانچہ رات کو وہیں کھانا کھایا۔ پھر ایک آدھ روز بعد مرزاپور واپس چلے گئے۔"

الہ آباد میں ان کے ایک دوست کو یہ حال معلوم ہو گیا، انہوں نے خط لکھ کر دریافت کیا کہ کیا یہ خبر سچ ہے؟ مولوی مہدی علی نے سارا حال مفصل لکھ بھیجا۔ انہوں نے وہ خط بجنسہ ہمارے ایک نامہربان دوست کے پاس، جو اٹاوہ میں رونق افروز تھے، بھیج دیا۔ انہوں نے تمام شہر میں ڈھنڈورہ پیٹ دیا کہ مہدی علی کرستان ہو گئے۔ مولوی صاحب کے گھر کے پاس ہی ایک پینٹھ لگا کرتی تھی۔ ہمارے شفیق نامہربان نے اس گنوار دل میں جا کر خط کا مضمون ایک ایک آدمی کو سنایا اور تمام پینٹھ میں منادی کر دی کہ بھائیو! افسوس ہے، مولوی مہدی علی کرستان ہو گئے۔ جو سنتا تھا افسوس کرتا تھا اور کہتا تھا، خدا سید احمد خاں پر لعنت کرے۔"

اس خبر کا مشہور ہونا تھا کہ مولوی صاحب کے گھر پر حلال خور نے کمانا، سقے نے پانی بھرنا، اور سب لگے بندھوں نے آنا جانا چھوڑ دیا۔ گھر والوں نے ان کو لکھا کہ تمہاری بدولت ہم پر سخت تکلیف گزر رہی ہے، تم جلدی آؤ اور اس تکلیف کو رفع کرو۔" انہوں نے ایک طول طویل خط ان ہی بزرگ کو جنھوں نے یہ افواہ اڑائی تھی حلت طعامِ اہلِ کتاب کے باب میں لکھا اور پھر خود اٹاوہ میں آئے اور سب کو سمجھایا کہ میں کرستان نہیں ہوں، جیسا پہلے مسلمان تھا ویسا ہی اب ہوں، غرض بڑی مشکل سے لوگوں کا شبہ رفع

کیا۔"

× : اس خطاب کے پس منظر میں مذکورہ رسالہ میں سر سید کی اس قسم کی تحریریں تھیں: "اگر اہلِ کتاب کسی جانور کی گردن توڑ کر مار ڈالنا یا سر پھاڑ کر مار ڈالنا زکوٰۃ سمجھتے ہوں تو ہم مسلمانوں کو اس کا کھانا درست ہے۔"

(احکامِ طعامِ اہلِ کتاب، مطبوعہ 1868ء کان پور، ص 17)

سر بیچنے کا ذکر:

مذہبی عقائد اور اقوال کے سوا، اور طرح طرح کے اتہامات اس خیر خواہِ خلائق پر لگائے جاتے تھے۔ اس بات کا تو سر سید کی وفات تک ہزاروں آدمیوں کو یقین تھا کہ انہوں نے اپنا سر دَس ہزار روپے کو انگریزوں کے ہاتھ بیچ دیا ہے۔ اکثر لوگ سمجھتے تھے کہ بعد مرنے کے انگریز ان کا سر کاٹ کر لندن لے جائیں گے اور لندن کے عجائب خانہ میں رکھیں گے۔ ایک بار یہی سر بیچنے کا تذکرہ سر سید کے سامنے ہوا۔ اس وقت راقم بھی موجود تھا۔ اس مرحوم نے نہایت کشادہ دلی کے ساتھ فرمایا کہ:

"جو چیز خاک میں مل کر خاک ہو جانے والی ہے، اس کے لئے اس زیادہ اور کیا عزت ہو سکتی ہے دانشمند لوگ اس کو روپیہ دے کر خریدیں، اس کے ڈسکشن × سے کوئی علمی نتیجہ نکالیں، اور اس کی قیمت کا روپیہ قوم کی تعلیم کے کام آئے۔ دَس ہزار چھوڑ دس روپے بھی اگر اس کی قیمت میں ملیں تو میرے نزدیک مفت ہیں۔"

قتل کی سازش:

جب سر سید کے کفر و ارتداد اور واجب القتل ہونے کے فتوے اطرافِ ہندوستان میں شائع ہوئے تو ان کی جان لینے کی دھمکیوں کے گمنام خطوط ان کے پاس آنے لگے۔ اکثر خطوں کا یہ مضمون تھا کہ ہم نے اس بات پر قرآن اُٹھایا ہے کہ تم کو مار ڈالیں گے۔

ایک خط میں لکھا تھا کہ شیر علی جس نے لارڈ میو کو مارا تھا، اس نے نہایت حماقت کی، اگر وہ تم کو مار ڈالتا تو یقینی بہشت میں پہنچ گیا ہوتا۔"

1891ء میں جبکہ سر سید کالج کی طرف سے ایک ڈپوٹیشن لے کر حیدر آباد گئے تھے اور حضور نظام (خلد اللہ) ملکہ کے ہاں بشیر باغ میں مہمان تھے، ایک مولوی نے ہمارے سامنے سر سید سے ذکر کیا کہ کلکتہ میں ایک مسلمان تاجر نے آپ کے قتل کا مصمم ارادہ کر لیا تھا اور ایک شخص کو اس کام پر مامور کرنا چاہتا تھا۔ اس بات کی مجھ کو بھی خبر ہوئی، چونکہ میں علی گڑھ کی طرف آنے والا تھا، اس سے خود جا کر ملا اور اس سے کہا کہ میں علی گڑھ جانے والا ہوں اور میرا ارادہ سید احمد خاں سے ملنے کا ہے۔ جب تک میں ان کے عقائد اور مذہبی خیالات دریافت کر کے آپ کو اطلاع نہ دوں، آپ اس ارادہ سے باز رہیں۔ چنانچہ میں علی گڑھ میں آیا اور آپ سے ملا اور بعد دریافتِ حالات کے اس کو لکھ بھیجا کہ سید احمد خاں میں کوئی بات میں نے اسلام کے خلاف نہیں پائی۔ تم کو چاہئے کہ اپنے منصوبے سے توبہ کرو اور اپنے خیال خام سے نادم ہو۔"

معلوم نہیں کہ اس مولوی کا یہ بیان صحیح تھا یا غلط مگر سر سید نے جو یہ حال سن کر اس کو جواب دیا وہ لطف سے خالی نہ تھا۔ انہوں نے کہا کہ:

"افسوس ہے کہ آپ نے اس دین دار مسلمان کو اس ارادہ سے روک دیا اور ہم کو ہمارے بزرگوں کی میراث سے، جو ہمیشہ اپنے بھائی مسلمانوں ہی کے ہاتھ سے قتل ہوتے رہے ہیں، محروم رکھا۔"

بابِ دہم: علمی لطائف

پادریوں سے گفتگو:

ایک دفعہ وہ ریل میں سوار تھے، کسی اسٹیشن پر دو انگریز ان کی گاڑی میں آ بیٹھے۔ ایک اُن میں سے پادری تھا۔ اس کو کسی طرح سے معلوم ہو گیا کہ سید احمد خاں یہی شخص ہے۔ سر سید سے کہا: "مدت سے آپ کی ملاقات کا اشتیاق تھا، میں آپ سے خدا کی باتیں کرنی چاہتا تھا۔" سر سید نے کہا

"میں نہیں سمجھا آپ کس کی باتیں کرنی چاہتے ہیں؟"

اُس نے کہا "خدا کی" سر سید نے کمال سنجیدگی سے کہا:

"میری تو کبھی ان سے ملاقات نہیں ہوئی، اس لیے میں ان کو نہیں جانتا۔"

پادری نے متعجب ہو کر کہا: "ہیں! آپ خدا کو نہیں جانتے؟" انہوں نے کہا:

"مجھی پر کیا موقوف ہے، جس سے ملاقات نہ ہو اس کو کوئی بھی نہیں جانتا۔"

پھر کسی شخص کا نام لے کر پوچھا کہ آپ اس کو جانتے ہیں؟" پادری نے کہا، "نہیں میں اس سے کبھی نہیں ملا۔" سر سید نے کہا:

"پھر جس سے میں کبھی نہ ملا ہوں، نہ میں نے کبھی اس کو اپنے ہاں کھانے پر بلایا ہو، نہ مجھ کو اس کے ہاں کھانے پر جانے کا اتفاق ہوا ہو، اس کو میں کیونکر جان سکتا ہوں؟"

پادری یہ سن کر خاموش ہو رہا اور دُوسرے انگریز سے انگریزی میں کہا کہ "یہ تو

سخت کافر ہے۔" پھر سر سید سے اس نے کوئی بات نہیں کی۔

ایک دفعہ دلی کے مشنری کالج اور علیگڑھ کالج کا میچ تھا اور دلی سے کالج کے دو پروفیسر جو پادری تھے، میچ کھیلنے کے لیے اپنے طلبہ کو ساتھ لے کر علی گڑھ آئے تھے۔ سر سید نے ان کو ڈنر پر بلایا جبکہ مسٹر بُک بھی ان کے ساتھ تھے۔ کھانے کے بعد پادری صاحب سر سید سے مخاطب ہو کر بولے کہ "بہت اچھی بات ہے کہ آپ کے کالج میں مذہبی تعلیم بھی ہوتی ہے کیونکہ سچا مذہب ہی ایسی چیز ہے جو انسان میں نیکی پیدا کرتا ہے۔"

پادری صاحب اسلام کو تو، جس کی تعلیم علیگڑھ کالج میں ہوتی ہے، سچا مذہب کہہ ہی نہیں سکتے تھے، لامحالہ ان کی مراد عیسائی مذہب سے تھی اور عیسائی مذہب کی بدولت جس قدر دُنیا میں خونریزی ہوتی ہے اس کی مثال کسی مذہب میں نہیں مل سکتی۔ سر سید نے پادری صاحب کی تقریر سن کر کہا کہ:

"دنیا میں مذہب سے زیادہ کوئی بدتر چیز اور تمام برائیوں اور جرائم کا مخزن نہیں ہے تاریخ شاہد ہے کہ جس قدر ظلم اور بے رحمیاں اور قتل اور خُونریزیاں دُنیا میں صرف مذہب کے سبب سے ہوئی ہیں وہ ایک طرف اور جو جرائم شیطان نے کرائے ہیں وہ ایک طرف رکھے جائیں تو بھی مذہبی جرائم اور برائیوں کو غلبہ رہے گا۔"

پادری صاحب یہ سُن کر چُپ ہو گئے اور مسٹر بک سے مکان پر آ کر کہا کہ "میں نے تو اس شخص کو بڑا تھیولوجین سنا تھا مگر اب معلوم ہوا کہ یہ بالکل غلط تھا۔"

ایک شیعہ سے سوال و جواب:

بعض اوقات سر سید کسی مسئلہ کی نسبت اپنے عقیدہ کا اظہار ظرافت کے پیرایہ میں ایسے طور پر کر جاتے تھے کہ بظاہر ایک ہنسی کی بات معلوم ہوتی تھی۔ مگر در حقیقت وہ اُن

کی اصلی رائے اس مسئلہ کی نسبت ہوتی تھی۔ جس زمانہ میں وہ بنارس میں تھے ان کا ایک آرٹیکل "تہذیب الاخلاق" میں اس مضمون پر شایع ہوا تھا کہ اجماع، جیسا کہ اہل سنت سمجھتے ہیں، حجت شرعی نہیں ہے۔ شیعوں میں سے ایک سید صاحب جو بنارس میں ملازم تھے، اس آرٹیکل کو پڑھ کر خوشی خوشی ان سے ملنے کو آئے، پہلے کبھی اُن سے ملاقات نہیں ہوئی تھی، سر سید سے اس آرٹیکل کا ذکر کر کے کہنے لگے "کیوں جناب! جب آپ کے نزدیک اجماع حجت نہیں تو خلیفہ اول کی خلافت کیوں کر ثابت ہو گی؟" سر سید نے کہا:

"حضرت! نہ ہو گی تو ان کی نہ ہو گی، میرا کیا بگڑے گا؟"

وہ یہ سُن کر اور بھی زیادہ خوش ہوئے اور سمجھے کہ کچھ پانی مرتا ہے۔ تھوڑی دیر کے بعد کہنے لگے "کیوں جناب! اس اختلاف کے وقت جبکہ کچھ لوگ خلیفہ اول کا ہونا چاہتے تھے اور کچھ جناب امیر کا۔ اگر آپ اس وقت ہوتے تو کس کے لیے کوشش کرتے؟" سر سید نے کہا:

"حضرت! مجھے کیا غرض تھی کہ کسی کے لیے کوشش کرتا، مُجھ سے تو جہاں تک ہو سکتا اپنی ہی خلافت کا ڈول ڈالتا اور سو بسوے کامیاب ہوتا۔"

یہ سُن کر اُن کا جی چھُوٹ گیا اور جوتیاں پہن گھر کا رستہ لیا۔

سر سید نے کہا:

"اب وہ وقت قریب ہے کہ ہمیشہ چُپ رہنا ہو گا، اس لئے خاموش رہنے کی عادت ڈالتا ہوں۔"

* * *

بابِ یازدہم: متفرق

مغربی علوم اور اسلام:

ان (سرسید) کا ہمیشہ یہ قول رہا ہے کہ:

"جو لوگ مغربی تعلیم یا مغربی علوم کو اسلام کے حق میں خطرناک تصور کرتے ہیں اور اس لئے مسلمانوں میں ان کا پھیلنا نہیں چاہتے، وہ در حقیقت اسلام کو بہت بودا اور کمزور مذہب خیال کرتے ہیں جو علم و حکمت کے مقابلہ کی تاب نہیں لاسکتا۔"

ہندو مسلمانوں میں عناد بڑھ جانے کی پیشن گوئی:

1867ء میں بنارس کے بعض سربرآوردہ ہندوؤں کو یہ خیال پیدا ہوا کہ جہاں تک ممکن ہو تمام سرکاری عدالتوں میں سے اردو زبان اور فارسی خط کے موقوف کرانے میں کوشش کی جائے اور بجائے اُس کے بھاشا زبان جاری ہو جو دیوناگری میں لکھی جائے، سرسید کہتے تھے کہ:

"یہ پہلا موقع تھا جب کہ مجھے یقین ہو گیا کہ اب ہندو مسلمانوں کا بطور ایک قوم کے ساتھ چلنا اور دونوں کو ملا کر سب کے لئے ساتھ ساتھ کوشش کرنا محال ہے۔"